À la Conquête de l'UltraPerformance

À la Conquête de l'UltraPerformance

À la Conquête de l'UltraPerformance

À la Conquête de l'UltraPerformance®

*Unir technologie, humain et environnement :
une utopie réaliste*

À la Conquête de l'UltraPerformance

À la Conquête de l'UltraPerformance®

*Unir technologie, humain et environnement :
une utopie réaliste*

Préface d'Antoine Albeau,
sportif français le plus titré avec 26 couronnes mondiales

Auteur Marc Amerigo

À la Conquête de l'UltraPerformance

Mentions légales :
© 2025, Marc Amerigo
Édition : BoD · Books on Demand, 31 avenue Saint-Rémy, 57600 Forbach,
bod@bod.fr
Impression : Libri Plureos GmbH, Friedensallee 273, 22763 Hamburg
(Allemagne)

ISBN : 978-2-3225-6048-6
Dépôt légal : Mars 2025
19,90 € TTC

Ce livre a été écrit par son auteur, sans assistance d'Intelligence Artificielle.

*Les droits d'auteur de cet ouvrage permettent à Marc Amerigo de soutenir
des causes environnementales, caritatives, sportives et éducationnelles.*

Sommaire
À la Conquête de l'UltraPerformance®
Unir technologie, humain et environnement : une utopie réaliste

À la Conquête de l'UltraPerformance

Préface

Je me souviens de cette toute première fois où j'ai rencontré Marc, en mars 2020, quelques jours avant le confinement. J'étais en plein chantier, occupé à construire ma maison à l'Île de Ré, aux côtés de mon père.

Absorbé par les travaux et pressé par le temps, je l'ai vu débarquer à bord de son vieux camion Ford. Loin des clichés de l'ingénieur en costard-cravate, Marc se distinguait par son allure décontractée et sa passion contagieuse pour le projet qu'il venait me présenter. Perché sur le toit, je sentais mon père s'impatienter, se disant très certainement « c'est qui encore celui-là ? »… Car oui, j'en ai rencontré des gens qui m'ont approché tout au long de ma carrière avec des dizaines de projets… Des projets plus ou moins farfelus d'ailleurs !

Mais Marc était différent des autres. Passionné par la mer et les sports extrêmes, enthousiaste et ingénieux, son projet tombait dans un moment parfait de ma vie ! Après trente ans de compétitions à travers le monde, moi qui étais presque en fin de carrière de windsurf, je ne naviguais quasiment plus ces derniers mois. J'écoutais avec attention et curiosité la présentation de ce qui allait devenir, quelques semaines plus tard, ZEPHIR PROJECT !

Marc a su, dès le premier jour, m'embarquer avec lui dans ses aventures les plus folles… En mer, sur terre, sur scène et dans le vent des souffleries ! Moi, le solitaire des mers qui ai l'habitude de me confronter aux éléments, en silence… je consacre à présent une partie de ma nouvelle vie à ce projet ambitieux qui sera de battre de nouveaux records de vitesse à la voile, mais cette fois-ci, sur du matériel écoresponsable.

Devenus amis depuis cinq ans maintenant, nous partageons des valeurs fortes et nous avons tous les deux à cœur de faire bouger les choses. Transmettre aux plus jeunes notre passion pour la mer et les sports nautiques fait partie de notre quotidien. Marc n'est pas qu'un ingénieur ! C'est un ingénieur qui connaît la vie ! Et ça, ça fait toute la différence !!!

Entre amitié, sincérité et professionnalisme, il m'inspire dans sa façon de réaliser ses objectifs, mais surtout dans sa façon d'Être ! Lorsque je me retrouve loin de mon élément naturel, et que je dois prendre la parole, face à de nombreuses personnalités ou sur une scène, je me dis souvent « Comment serait Marc dans cette situation ? Comment parlerait-il ? ». Et l'ours, qui est en moi, devient un peu plus bavard !

Où que l'on soit et, quelles que soient les circonstances, cet ami charismatique ne cesse de me surprendre, car il sait comment toucher les gens et captiver son auditoire.

À travers ce récit, Marc nous emmène dans ses tout premiers souvenirs d'enfance, entouré de ses grands-pères bricoleurs et malicieux. Il nous partage les nombreux records du monde sportifs auxquels il a contribué avec ingéniosité et passion.

Plongez dans les pages de ce livre et laissez-vous embarquer par l'énergie et l'enthousiasme de son auteur. Vous découvrirez un homme dont la passion pour la mer et pour les défis extrêmes est contagieuse. Vous ressentirez les frissons de ses aventures, la détermination de ses projets et l'authenticité de ses valeurs. Ce voyage est une invitation à rêver, à oser et à croire en ses projets. Préparez-vous au doux vent Zéphyr qui vous emportera au fil des pages, et à voir le monde avec des yeux nouveaux, car Marc a ce don unique de transformer chaque rencontre en une aventure inoubliable.

Antoine Albeau

À la Conquête de l'UltraPerformance

À mes enfants, Quentin, Erwann, Mathys et Jeanne,
À chacune des personnes dont j'ai pu croiser le chemin.

Avant-propos

Cinq années jour pour jour pour coucher ce livre sur le papier, au fil de mes réflexions ! Un cycle assez habituel pour atteindre plusieurs records du monde, mais, en l'occurrence, jamais je n'aurais imaginé les chamboulements qui nous attendaient en écrivant les premières lignes dans la chambre de Mathys, mon troisième garçon. D'épreuve en épreuve, de prise de conscience, en prise de conscience, une longue cavalcade commence et cinquante ans d'expérience de vie pour m'aider à faire face et à repousser mes limites. Ce début de décennie 2020 est vraiment très particulier. Chaque crise que nous traversons est souvent décrite comme la crise du centenaire, comme l'évènement exceptionnel qui va tous nous impacter, qui va faire changer notre vision du monde. Cette crise sanitaire Covid-19 dépasse peut-être tout ce que nous avons connu, peut-être même des périodes de guerre, ont dit certains. Cette pandémie ressemble à une attaque en règle sur toute la planète de tout l'écosystème mis en place par les êtres humains. Cela commence par nos structures de santé qui sont mises à rude épreuve avec la difficulté de gérer ces patients en insuffisance respiratoire aiguë et qui nécessitent une hospitalisation longue. Mais face à la volatilité et la férocité de ce tout petit virus, nous sommes démunis de traitement médical. Tout notre système économique ne parvient plus à assurer un fonctionnement normal et se désagrège en un temps record.

Sur le modèle des sociétés anciennes, des centaines de millions d'individus sont confinés chez eux pour limiter la propagation et le tsunami des malades. Chaque personne a le temps de penser, de ruminer, de réfléchir à son avenir, à passer en revue sa relation à son entourage et à devoir remplir ses journées malgré un système qui est à l'arrêt. Cette pause forcée peut rapidement devenir un enfer à attendre sans savoir quand la tempête se sera éloignée. Pour d'autres, ce sont de grandes vacances obligatoires oisives, à voir et revoir à la chaîne des films, des séries, ou à « s'évader » sur les réseaux sociaux qui, eux, tournent à plein régime. Mais aussi, pour beaucoup, une véritable parenthèse pour repenser notre société et nos organisations.

Paradoxalement, deux termes s'imposent : « la distanciation », le fait de rester à plus d'un ou deux mètres de toute personne, et « le télétravail ». On se met à subir la distance physique, tout en cherchant le rapprochement social qui nous fait défaut. Un peu comme si l'on découvrait que notre lien à l'autre fait partie de nos essentiels. Tout à coup, l'humanité tout entière se rend compte qu'elle est sur l'autoroute de la déshumanisation. Peut-être une forme de réveil qui nous permet de prendre conscience des fondements de notre existence. Renouer avec nos valeurs intrinsèques et nos besoins vitaux sera peut-être le grand enseignement de cette crise sanitaire et économique. J'aime à rêver que notre monde de demain en sera le plus bel exemple.

Nos organisations ne sont en fin de compte que le fruit de nos pensées d'êtres humains, ce sont nos produits, nos « choses ». Et nous avons pu voir, par le confinement des populations, que les institutions nationales et internationales sont capables de prendre des décisions radicales et de les faire appliquer par tous. Alors, pourquoi ne pas réinventer efficacement nos modèles de sociétés ? Pourquoi ne pas remettre la personne au centre de nos organisations et lui permettre de s'accomplir, de s'épanouir pleinement ? Et si ces crises nous amenaient à revoir en profondeur notre relation au monde ? Mais peut-on garder dans nos explorations la notion de performance ou est-ce un « gros mot » face aux enjeux climatiques et énergétiques qui sont bien là ? Et plus fou encore, si nous pouvions demander raisonnablement au père Noël d'atteindre à l'avenir la haute performance tout en étant écoresponsables ?!

Et si notre niveau technologique devenait un atout surpuissant pour l'avenir plutôt qu'un risque destructeur ? Comme un socle solide, organisé et agile pour réorienter tout notre système, et le décarboner en s'inspirant du biomimétisme par exemple.

Quoi que l'on fasse, la nature et la planète, elles, suivent leur cours, et s'adaptent inlassablement aux changements, ainsi qu'à nos frasques d'habitants turbulents. Nous sommes de simples passagers embarqués dans une grande aventure, qui pourrait être respectueuse de notre monde, belle et épanouissante pour le plus grand nombre et dans le respect de tous. Ce serait mon plus beau rêve. Aujourd'hui, je crois plus que jamais à ce rêve.

Alors, pour y contribuer, vous et moi, sachez que ce livre que vous avez sous les yeux a un chemin de diffusion et d'impression responsable. Pour des raisons éthiques, économiques et environnementales, et parce que je ne suis pas un auteur à succès, j'ai fait le choix réfléchi de ne pas soumettre mon manuscrit au système traditionnel des maisons d'édition. En effet, chaque année en France, environ un quart des livres imprimés neufs, soit 150 millions d'exemplaires, sont détruits sans n'avoir jamais été lus. Heureusement, depuis 2022, leur recyclage est désormais obligatoire, grâce à la loi Anti-Gaspillage pour une économie circulaire (AGEC). Mais cela reste équivalent à 700 000 arbres abattus annuellement !

Je me suis naturellement tourné vers une alternative avec une plateforme reconnue et leader en Europe qui produit les livres en fonction de la demande (petites ou grandes quantités), qui utilise des matériaux durables et qui a pu m'accompagner dans la finalisation du projet. Une logique vertueuse à mon sens.

J'espère du fond du cœur que vous prendrez autant de plaisir à lire ces pages que je n'ai eu de plaisir à les écrire, avec souvent des rires, des émotions fortes et parfois aussi quelques larmes.

1 – Enfance et Créativité

La grande salle du Trianon Montmartre est obscure et silencieuse. C'est un moment suspendu. La voix de l'astronaute Buzz Aldrin résonne en ce 21 juillet 1969 : *« Houston, Tranquility base here, the Eagle has landed. »* [1] Suivie de celle de Neil Amstrong : *« One small step for men, one giant leap for mankind! »* [2]

J'ai alors six mois dans le ventre de ma mère lorsque je reçois ces vibrations lunaires en direct. C'est le premier pas de l'homme sur la lune. Ces astronautes sont partis dans l'espace pour la science, pour explorer l'inconnu, pour leur nation bien sûr, mais ils ont été submergés par une émotion inattendue, celle d'y redécouvrir la planète Terre, « Blue Marble »[3].

Toute l'humanité a été impactée par cette image d'une terre toute ronde, bleue, perdue dans l'immensité noire et qui représente toute notre fragilité. Une image prise de l'espace qui développe en nous des sentiments nouveaux.

De mon côté, enfant, je suis littéralement envahi par mes émotions. Je dois vivre avec ces émotions débordantes en permanence. Elles remplissent mes journées et mes rêves. Un simple regard peut me rendre joyeux et un mot me blesser à jamais. Et c'est vrai, enfant, je pleure assez souvent. Mais ce qui me permet de ressentir ce monde qui m'entoure devient rapidement une faiblesse dans le miroir que sont les autres. Un petit garçon ne pleure pas, surtout l'aîné de la fratrie. Mais je dois apprendre à gérer cette sensibilité, apprendre à explorer ce monde avec lequel je ne me sens pas vraiment en phase. Et pour cela, je dois tracer mon propre chemin, explorer, inventer ce dont j'ai besoin, à ma façon. Mon quotidien est peuplé de rêves, d'aventures, d'exploits

---

[1] *« Houston, ici la base Tranquilité, l'Eagle a atterri. »*
[2] *« Un petit pas pour l'homme, un pas de géant pour l'humanité ! »*
[3] Littéralement, la bille bleue.

comme pour beaucoup de petits enfants, bien sûr. En tout cas, je me crée mon univers, mon propre univers.

Exactement de la même façon, le projet Zephir est parti d'un rêve de gosses en 2020 pour devenir aujourd'hui réalité. Grâce à lui, je passe beaucoup de temps avec mon ami Antoine et sa famille. Une belle amitié s'est installée entre nous tous, et c'est un vrai bonheur de voir leurs « minots » grandir, enfin leurs « drôles », comme on dit chez eux. Alani doit maintenant composer avec un petit frère du nom d'Adriel. Autant Alani incarne la finesse tout en étant très actif, à peine né, Adriel est un roc sur pattes avec une puissance et une volonté incroyables. Il marche à huit mois, et son grand jeu est de vider les tiroirs dans la maison en balançant partout ce qu'il attrape… Alani a découvert la patience face à une tornade. Puis à force d'observer son père et son grand-père, sous l'impulsion appuyée de ses parents, voilà que le petit Adriel est devenu un jeune bricoleur avec son frère. Et contre toute attente, il adore à présent ranger les outils d'Antoine dans son camion géant bourré de matériel. Les scènes sont à mourir de rire.

Pendant ma petite enfance, j'ai la chance de passer aussi de belles journées à bricoler avec mes deux grands-pères. Je les suis partout, je les observe, puis je fabrique mes propres histoires dans ma chambre, dans notre garage ou dans notre jardin. Le jardin, quel incroyable lieu d'exploration ! Celui de mon grand-père maternel Paul est à la Pérussonne, un quartier d'Aubagne, en Provence, sur les terres de Marcel Pagnol.

Il a la passion des choses bien faites. Il est ouvrier tourneur – fraiseur, un magicien de ses mains, et un inventeur hors pair à mes yeux, comme Marius côté paternel. Je suis l'aîné de notre génération de cousins et Paul passe beaucoup de temps avec moi, à m'observer, à m'expliquer, à me montrer et surtout à me faire pratiquer les bons gestes. Il est d'une patience extrême lorsqu'il me regarde bricoler avec ses outils que ce soit pendant des travaux dans la maison ou du bricolage dans le garage. Même chose pour l'entretien quotidien du jardin avec tous ces légumes, ces arbres fruitiers alimentés par son réseau d'irrigation qu'il a créé depuis le puits au fond du jardin. Ce puits est d'ailleurs un vrai danger pour les enfants, il me fait peur. Mais on en a besoin, c'est la source de vie de la maison.

Les repas traditionnels du dimanche sont hauts en couleur, car la famille Toche a un caractère de feu. Ce n'est rien de le dire ! Je suis au spectacle des discussions, qui manifestement partent en vrille quand la politique s'y invite. La politique, c'est nul ! Je ne comprends pas vraiment le pourquoi de ces enflammades. Le plus important pour moi, c'est la traditionnelle partie de pétanque, ou « pés tanqués » : qui veut dire « pieds tanqués » en provençal. C'est un jeu de boules bien connu, dans lequel on doit lancer sa boule avec ses deux pieds posés au sol dans un cercle. Il faut être le plus possible près du bouchon (officiellement le but, sinon cochonnet, petit, gari, pitchoune…), cette petite bille de bois tant convoitée.

J'avais peut-être trois ans lorsque j'ai pu jouer la première fois à la pétanque sous les yeux de mes grands-pères. Marius était aussi un bon joueur, tradition familiale oblige ! Alors que je suis encore petit, la grande difficulté pour moi est d'arriver à tenir cette boule immense et lourde dans ma main. D'abord pour pointer et se rapprocher le plus possible de ce fameux bouchon à une dizaine de mètres. Mais le challenge ultime était surtout de « tirer », c'est-à-dire lancer sa boule pour venir en frapper directement une autre, faire de la place et reprendre le point à l'équipe adverse. Et là, j'entends encore mon grand-père qui me donne le conseil magique qui me suivra toute ma vie : *« Lève le bras Marc ! Lève le bras pour trouver la bonne trajectoire. Tu lui donnes la vitesse au départ, et la précision vient avec l'entraînement. Mais surtout, ton geste est fiable, tu peux le répéter. Il est ample, il doit être ample ! »*.

Évidemment, vu ma petite taille, mes petits bras, mes petites mains, je n'avais pas d'autre choix que de lever le bras au ciel pour essayer d'envoyer cette satanée boule à dix mètres. Une boule qui pèse quand même 700 g ! Mais cette clef-là, je me rends vite compte qu'il l'utilise lui-même en permanence, alors je l'observe à chaque lancer. Et quel joueur !!! Ce n'est pas parce qu'il fait différemment qu'il est plus fort. Il me donne alors vraiment LA bonne technique, c'est optimiser le mouvement, le timing et la précision. Il avait appris ça lui-même, et il me transmettait son savoir-faire, comme un sportif de haut niveau qui partage. Cette technique, je l'ai faite mienne, je l'ai adaptée et des décennies plus tard, je pense à lui chaque fois que je joue à la pétanque. Utiliser la bonne technique adaptée : c'est bien lui qui m'a inculqué ça.

Un jour, alors que nous sommes dans le jardin, Paul me dit avec un petit sourire malicieux : *« Mon petit Marc, j'ai un vrai problème avec mes pieds de tomates. Regarde comme elles grossissent. Encore un peu de pluie et de soleil et les branches vont casser sous leur poids. Qu'en penses-tu ? As-tu une idée ? »*

J'en fais une véritable mission personnelle. Il est impossible de laisser mon grand-père risquer une telle catastrophe écologique alors qu'il m'a confié tout son désarroi. Ces tomates sont tellement douces, charnues, sucrées… délicieuses. Il s'en occupe avec tant d'amour que je ne peux absolument pas le laisser dans une telle situation. Alors, je me mets en mode de recherche exploratoire. Comment pouvons-nous faire tenir ces pauvres plants de tomate qui ploient sous le poids des fruits avec les moyens du bord ?

Ma chance est que les garages des grands-pères sont de vraies mines d'or pour un petit garçon explorateur. Que ce soit chez Marius ou Paul, il y a de tout. Tous ces outils sont soigneusement positionnés sur les murs avec le dessin de leur forme pour qu'ils soient toujours rangés à leur bonne place, prêts à l'emploi. Pas question de les poser sur l'établi ou de les laisser en désordre ! Ils ont tout un tas de bouts de bois, de pièces d'acier, de visserie, de matériel en tout genre dont je n'ai aucune notion de l'utilité, par contre c'est leur réserve à idées. Et pour moi donc ! Après quelques jours, le temps de revenir la semaine suivante, mes réflexions sont allées bon train.

Mes explorations dans leurs garages me permettent de revenir avec un large sourire. *« Papi, j'ai trouvé la solution pour les tomates. Suis-moi ! »* Je le conduis vers l'établi où j'avais repéré ma « technique révolutionnaire ». Je récupère plusieurs tiges de bois longues, fines et bien rigides, et on emmène tout ça dans le jardin pour lui soumettre mon idée. Et je lui lance avec mes grands yeux qui brillent : *« Regarde !*

En plantant un bâton bien droit dans la terre et en venant attacher les branches dessus, on peut les maintenir en l'air et être sûrs qu'elles ne cassent pas sous le poids des tomates. Qu'est-ce que tu en dis ? Est-ce que tu as de la ficelle ? »

Et là je vois mon grand-père qui éclate de rire, le regard joyeux. Le petit challenge qu'il m'avait donné m'avait fait réfléchir toute la semaine. Il me dit posément avec un grand sourire et beaucoup de bienveillance : *« Sais-tu que c'est une invention ? On pourrait l'appeler un tuteur à tomates. Personne n'y avait pensé, c'est génial ! Nous allons pouvoir avoir de belles tomates cette année ! »* Vous imaginez ma fierté d'entendre mon grand-père me faire de telles louanges sur mon invention. J'avais trouvé la solution universelle pour sauver les plantations de leurs fruits de destruction massive. Bien entendu, Marius a été le premier au courant de la trouvaille, avec un grand sourire. Et double fierté pour moi ! Je suis certain que cela pourrait être très utile aux jardiniers pour d'autres plantes ! Qui sait ?!

J'ai passé beaucoup de temps avec mes deux grands-pères, et me voilà à partir pour une tout autre aventure. Il s'agit de passer deux semaines dans les champs chez ma tante et marraine, ma très chère Laurence, avec son mari Paul, agriculteur. Un saut complet dans l'inconnu ! Le petit « citadin » de cinq ans que je suis se trouve d'un coup plongé dans le monde paysan. Je suis à la fois angoissé par l'inconnu, mais curieux d'aller à la campagne, d'être le seul enfant avec tous ces adultes et de découvrir leur quotidien. Je suis encore trop petit pour travailler toute la journée avec mon oncle, j'ai donc toutes mes journées pour mes propres explorations. Et ça, c'est top !

Paul est magnanime et il comprend rapidement que j'adore bricoler, jouer avec les outils, me créer mes propres histoires. Aussi, il me laisse tout loisir d'accéder au garage et tout ce qui s'y trouve ! Paul sait tout faire de ses mains, de la construction de maisons de A à Z, jusqu'aux travaux dans les champs. Je n'ai que l'embarras du choix quand je découvre tous ces outils. Je vais rester une quinzaine de jours là-bas et le décor est planté très vite. Pour je ne sais quelle raison, je décide de créer un petit circuit d'arrosage. Juste en bas de la maison, passe un petit canal, et, fort de mon expérience de l'irrigation chez mon grand-père, je m'attelle à la tâche… Le terrain comporte beaucoup de cailloux et, pour creuser, il me faut bien trouver quelque chose. Rapidement, vu la foison de matériel dans le garage, je trouve la perle rare, une sorte de pioche bien affûtée. Ce n'est pas facile, l'outil n'est pas très grand et le sol est très dur, j'y mets toute mon énergie. La lame me permet même de casser certains cailloux et de creuser mes petits sillons. Mon projet avance bien et je range le matériel tout content de moi.

Tout va bien jusqu'au moment où Paul va faire un tour dans le garage. Je me souviens encore le voir sortir vociférant en criant : *« Ce n'est pas possible ces gamins, c'est vraiment n'importe quoi ! Regarde-moi ce qu'il a fait à mon ciseau à bois !!! »* Effectivement, je confirme, la lame de l'outil était particulièrement mal en point… En l'entendant, je comprends immédiatement que ce n'est pas du tout prévu pour casser des cailloux. Et sur la lancée, je me fais expliquer la vie par mon oncle avec un énorme sentiment de culpabilité, alors que j'avais construit tout ça avec passion et envie.

Je commençais à trouver mes repères et cette caverne d'Ali Baba était un vrai bonheur. J'ai alors instantanément appris une chose qui me suivra toute ma vie. Avoir l'outil adapté, en toutes circonstances ! L'outil qui nous permet de faire de belles choses, d'être efficaces tout en respectant le matériel. On ne casse pas pour atteindre son objectif, on avance le plus longtemps possible avec, quitte à réparer, et réparer encore cet outil qui peut nous aider à tout moment.

Ce moment-là est un vrai tournant de mon séjour. Une fois ces règles de base posées, je retrouve rapidement la confiance de Paul, ce qui est très important pour moi. Je ne veux surtout pas décevoir et contrarier le beau sourire de ma marraine, qui est ravie, mais vraiment ravie de m'avoir avec elle, juste pour elle, pendant toute cette période de vacances. Je peux exprimer toute ma créativité d'enfant sereinement. Quel bonheur absolu d'avoir à disposition tout ce matériel et tous ces matériaux pour laisser aller mon imaginaire ! Un petit objet imbriquant des morceaux de bois les uns dans les autres sort de ce « FabLab » ancestral[4]. Je trouve cette petite solution technique super efficace. Mais je crois que les plus surpris ont bien été Laurence et Paul de me voir arriver avec ce système rudimentaire de tenons et mortaises ! Leur sourire vaut tous les cadeaux du monde, la mésaventure du ciseau à bois n'est plus qu'un mauvais souvenir.

Sans savoir pourquoi, encore aujourd'hui, enfant, je voulais être pilote de chasse, pour devenir ensuite astronaute et partir dans l'espace. Le programme était assez clair. Mais à 8 ans, c'est déjà la fin du rêve. Et « les grands » me le disent sans que je le comprenne tout de suite :

« Tu vas devoir porter des lunettes, mon chéri », me murmure ma maman. *« Mais ne t'inquiète pas, ça ne va pas durer longtemps, juste un an ou deux, a dit le docteur ! »*

Bon. Si ce n'est pas trop long, ça ira maman. Au fil des changements de lunettes, je demande régulièrement si cela va encore durer. Mais le temps restant semble se rallonger à chaque question. Alors j'attends des années. C'est sans fin pour un enfant crédule qui garde confiance. Puis je comprends tout seul que mon rêve se limiterait à regarder la Lune, depuis la terre.

Mais j'ai toujours gardé ce rêve, mélangeant mes héros que sont Antoine de Saint-Exupéry, Chuck Yeager[5] ou le trio magique d'Apollo 11 : Amstrong, Aldrin et Collins… Mais aussi un certain Éric Tabarly[6] ou ce blondinet du nom de Robby Naish qui virevoltait sur sa planche à voile…

Mais comment pourrais-je accéder à tous ces mondes de l'extrême, de la mer et de l'espace combinés ?

En écoutant les adultes, c'est être ingénieur qui devient une évidence pour moi. Je vais pouvoir trouver et construire des solutions,

---

[4] Les FabLabs sont de plus en plus populaires, c'est un lieu où l'on peut utiliser des moyens techniques mis en commun pour fabriquer un objet que l'on a imaginé et conçu.

[5] Chuck Yeager est une légende de l'aéronautique, il fut le premier homme à passer le mur du son.

[6] Grand navigateur français, respecté de tous pour ce qu'il a apporté aux valeurs de la voile et pour son inventivité sans limites.

quelle que soit la situation. Et envoyer des personnes dans les airs, sur la mer et pourquoi pas dans l'espace ! Ma frustration d'enfant s'est peu à peu envolée au fil des ans. J'aimerais encore pouvoir partir sur la lune, bien sûr, mais aujourd'hui j'ai la chance de pouvoir parler avec des navigateurs, des aventuriers de l'extrême et parfois des astronautes.

Ces grands rêves de nos enfants sont précieux. Portons-les, parlons-en avec eux, aidons-les à trouver leur propre voie. Cela prend parfois quelques minutes d'attention pour qu'un gamin s'épanouisse, ou se referme.

Notre famille a une partie de ses racines dans le Nord-Ouest de l'Italie. Je les ai perdus de vue, mais je suis ravi que mon père et mon petit frère Ludovic, aient renoué des liens forts avec les cousins italiens. Pendant des générations, au fil des contraintes économiques, ils ont passé la frontière dans un sens ou dans l'autre. Mon grand-père paternel Marius est né à Marseille en 1920, de parents italiens. Ils étaient six dans la fratrie avec Baptistin, Laurent, Martin, François et leur sœur Juliette. Ils ont toujours vécu dans le même quartier, déménageant littéralement en meute. En toute sincérité, à part les chamailleries assez drôles entre Marius et Andrée, ma très chère grand-mère au caractère bien trempé, mais douce avec nous, je ne me souviens pas d'une seule engueulade entre eux. Enfin, de ce que je pouvais voir… Les Toche et les Amerigo, c'est deux familles et deux ambiances aussi attachantes l'une que l'autre. Chez les Amerigo, on se dit les choses avec franchise et calme, ça ronchonne parfois, mais jamais un mot plus haut que l'autre, ni de méchancetés. Nos anciens sont tous partis à présent. Ils étaient de belles personnes au grand cœur, qui ne comprenaient pas l'injustice, et je me sentais tellement bien avec chacun d'eux, ils me faisaient rire et m'apaisaient. À noter tout de même, Martin, et son fort caractère, le dissident de la famille, très respecté, était parti s'installer en Corse. Le plus bel exemple de cet esprit est certainement « notre » petit village au cœur du Vaucluse, près du Colorado Provençal. Un havre de paix où nous nous retrouvons chaque année depuis ma plus tendre enfance. Une bonne dizaine de maisons y est liée à la famille. Nous baignons encore avec grand bonheur dans cette culture du vivre ensemble.

Cette longue période de confinement pendant la crise du Covid-19 en 2020 a été pour notre foyer familial un moment bien particulier, comme pour de nombreux ménages. Nous nous sommes retrouvés dans un cocon confortable, avec une belle vue sur les collines de Marcel Pagnol, et suffisamment d'espace pour que chacun se réapproprie rapidement sa place. L'isolement de l'agitation de la ville a généré de profondes réflexions existentielles pour chacun de nous.

Nos quatre enfants sont nés autour de l'année 2000, un symbole fort de bascule dans des temps nouveaux. Durant leur plus jeune âge, je garde des souvenirs incroyables de ces soirs à improviser un conte abracadabrantesque pour les endormir. Trois mots sortaient de leur imagination… *« Épée, Casserole, Tyrannosaure… »* puis *« Vas-y papa ! »* Quand nous étions bien fatigués, c'était beaucoup plus reposant de lire leur histoire préférée, mais bien moins fun.

Aussi, le soleil couchant a toujours été un moment où le temps s'arrête, où que l'on soit, pour le regarder disparaître… Je ressens encore le plaisir de se rouler par terre les uns sur les autres, ou de sauter dans la piscine dans le but… de la vider au maximum ! L'un n'allant pas sans l'autre, pour ce qui est des passages rapides aux urgences, on ne comptait plus… Nous étions plutôt sur des points de suture ou des réactions allergiques, que des grosses fractures, mais on aura tout vu avec parfois quelques frayeurs !

Leur réussite dans la société est de la plus haute importance à mes yeux. Il faut apprendre à « performer », que ce soit à l'école ou sur un tapis de judo, donner le meilleur de soi-même et d'être, pas forcément premier, mais aux avant-postes si cela est possible. Je reproduis inconsciemment une forme de schéma que j'ai moi-même dû subir lorsque j'étais petit. Ma perception est qu'aucun faux pas ne m'était accordé. J'aime profondément chacun de mes enfants et j'ai un immense respect pour tout ce qu'ils entreprennent. Malgré mes doutes, pendant longtemps, ils m'ont vu comme celui que rien n'arrête, et pour qui tout réussit avec une confiance sans limites. Et j'ai beaucoup d'attentes, sans voir qu'ils peuvent ne pas se sentir à la hauteur, et être fragilisés.

La puissance de nuisance de notre esprit est telle, que l'on est ainsi capable de mettre en difficulté ses propres enfants, que l'on aime par-dessus tout, en ravivant nos peurs et nos croyances. Je suis très fier de les voir tous aujourd'hui équilibrés, posés, réfléchis dans leur choix, mais, dans le même temps, leur évolution personnelle est comme un miroir pour moi. D'un papa parfois exigeant et sans concessions, voire froid parfois sans le vouloir, ces années de réouverture sur ma propre nature, me permettent de faire évoluer notre relation et d'être beaucoup plus présent à leurs côtés. Je réalise aussi que mes parents ont été aimant malgré quelques petits moments difficiles et que mon amour pour eux reste infini.

Pendant ce confinement venu de nulle part, Quentin, notre aîné, se pose mille questions existentielles. Sa place dans le monde de demain, quelle est-elle ? Ce qu'il considère comme des faiblesses, cette forme de fausse lenteur qui semble le poursuivre, comment la gérer dans ce monde où tout s'accélère ? Il a besoin de réponses, pour grandir et trouver sa voie. Pourtant, Quentin aime l'aventure. Il est déjà parti tout seul, sac à dos, à dix-huit ans en Écosse pour plusieurs semaines, puis six mois en Nouvelle-Zélande en autonomie pour parcourir le pays de l'extrême Nord à la pointe Sud. Rebelote avec ses voyages en Islande, où il en profite pour suivre une formation d'accompagnant guide sur glaciers.

Enfant j'avais adoré ces expériences qui me paraissaient extraordinaires lors de nos longs voyages à travers l'Europe avec nos cousins en tente ou en camping-car. Norvège, Finlande, Suède, Danemark, Angleterre, Écosse, Grèce, Espagne, Portugal, Yougoslavie, Allemagne, et évidemment la France et l'Italie, en passant par notre village familial des « Amerigo » à Costarainera. Ce petit village pittoresque de la côte méditerranéenne domine la mer sur les hauteurs d'Imperia, près de San Remo en Italie. Nos cousins y habitent et le nombre d'« Amerigo » sur les boîtes aux lettres est assez impressionnant ! C'était un florilège de langues et de cultures différentes, des soirées en camping sauvage au milieu de nulle part. Nous avons quelques souvenirs drôles concernant notre stratégie de gestion des moustiques en Suède… Comment contenir une attaque en règle à la tombée de la nuit de ces nuées en modes zombies morts de faim ?! Des dizaines de milliers de kilomètres à l'arrière avec ma petite sœur Karine, sans ceintures bien sûr, et un aménagement qui nous faisait un immense lit de deux places en forme de salle de jeu. Les cassettes magnétiques tournaient en boucle : *« Le Lac du Connemara »* de Michel Sardou, *« Ne me quitte pas »* de Jacques Brel… Mais aussi les groupes de rock Genesis et de hard rock Iron Maiden… Ambiances variées pour les parents et parfois un réel enfer sonore sur quatre roues !

Lorsque Quentin parcourait l'Écosse, il randonnait d'un point de chute à l'autre, et m'envoyait un SMS pour me dire où il dormirait. Sans attendre, je lui réservais à distance un lit dans l'auberge de jeunesse du coin. Il a tout de même hérité de quelques nuits à la belle étoile improvisées. Un peu limite quand même, vu que son portable ne captait pas partout, mais une belle expérience commune. À son jeune âge, c'est déjà un baroudeur accompli. Il a appris à se préparer, à affronter ses peurs, l'inconnu dans un pays étranger dont il ne maîtrise pas très bien la langue. Il a déjà un bagage que je n'avais pas à son âge, il est en avance dans cette prise de conscience et c'est très chouette à voir.

Nous parlons régulièrement tous les deux, comme avec ses trois frères et sœurs, Erwann, Mathys et Jeanne, et j'ai la chance de pouvoir leur partager ma vision telle qu'elle est aujourd'hui. Ce que je trouve presque magique en les regardant, c'est de voir combien ils se façonnent et grandissent sur les bases de leur éducation première, mais aussi en fonction de nos prises de conscience et nos nouveaux comportements. L'équation de l'existence est tellement complexe, mais peut être aussi simple à la fois. J'espère alors faire sentir à Quentin combien la vie qui l'attend va pouvoir lui offrir de beaux cadeaux. Comme si nous pouvions modifier la matrice de l'existence. J'entends par là que notre éducation occidentale nous pousse à nous conformer à un système, parfois au détriment de notre équilibre, qui passe au second plan. Apprendre à contribuer à un système en place et faire au mieux par rapport à nos valeurs les plus profondes est le passage obligé pour tout bon citoyen. Et je partage ces mots à mon fils : *« Tout en respectant le système de notre société actuelle, tu peux trouver ton propre équilibre et une voie, la tienne, unique, qui te permette d'avoir une existence accomplie. Tu peux avoir confiance. »*

C'est une forme d'innovation dans notre vie, respecter les règles tout en s'accordant l'espace pour nous épanouir. La nature est fort bien faite et, lorsqu'on lâche prise sur nos croyances et certaines obligations de bien faire, nous pouvons alors entrevoir ces petits signes, ces opportunités que nous offre ce monde qui nous entoure. Il ne s'agit pas d'être béat et passif en attendant que la société nous sauve, mais bien d'être centré, dans le présent, à l'écoute de nos sens, avec un esprit ouvert au monde. Nous pouvons combiner notre propre bien-être et nos aspirations, en phase avec ce que le système autorise. Nous devenons influenceurs de notre parcours de vie. Cette perception s'applique à soi-même, mais également aux écosystèmes dans lesquels nous sommes engagés.

Nous discutons avec Quentin autour de l'esprit, de cet ego qui vient nous titiller régulièrement, de ce jugement des autres qui parfois nous blesse involontairement. Nous parlons aussi de cet aveuglement pour atteindre un petit objectif qui devient si limitant au milieu des possibles. Quentin conclut en me disant : *« Hmmm… je vais réfléchir à tout ça… »* Je le connais bien, les mots le marquent, cette discussion comme de nombreuses autres restent dans un coin de sa tête, comme pour mes trois autres enfants. Il a pu toucher du doigt cette façon de voir la vie en intégrant notre équipe autour d'Éric Barone et des records de vitesse en vélo. Il va tirer le meilleur de ses multiples expériences pour, depuis, continuer à tracer son sillage entre mer, réparation navale et montagne. Il est épanoui et confiant.

C'est une grande fierté de les observer tous les quatre. Ce sont bien sûr les plus beaux enfants du monde ! Je les aime infiniment, inconditionnellement. Ils ont chacun façonné ce qu'ils ont reçu de leur éducation. On se retrouve un peu en eux. Et c'est vraiment émouvant, troublant même.

Les voir prendre leurs chemins de vie avec de solides ancrages, de belles valeurs humaines, quel cadeau pour rendre des parents heureux ! Ils me donnent la force d'essayer de contribuer à leur rendre l'avenir le plus doux possible. Et je serai toujours là pour eux, comme pour leur maman.

Erwann, de son côté, second de la fratrie, a un tout autre caractère que Quentin. Comme les autres garçons, il a lui aussi suivi la voie dite « royale » des classes préparatoires, et a intégré une école d'ingénieur réputée de Grenoble, spécialisée en biomédical et neurosciences.

Mais sa passion première, c'est la créativité pure, la science-fiction, les mondes parallèles, le théâtre d'improvisation, la musique aussi (violon, piano, guitare, entre autres…). Biberonné aux films Harry Potter, Seigneur des Anneaux, Cinquième Elément, Matrix… son imagination est absolument débordante, tout comme son énergie ! Mais attention, pour Erwann, « énergie débordante » doit se comprendre au premier sens du terme… Gamin, il est casse-cou comme pas permis. Je vois un jour mon petit garçon courir à fond dans le salon, prendre un virage à 90 degrés, et littéralement sauter de façon impulsive en pleine courbe. À cinq ans, il n'était pas encore ingénieur, mais en s'auto-éjectant pour s'encastrer dans le muret de la cuisine, il a tout de suite assimilé la notion d'énergie cinétique ! Erwann est un tel phénomène explosif à lui tout seul, que nous lui trouvons un petit casque en mousse qu'il porte en journée. Une vraie pile électrique hypersensible.

Alors, comme un pied de nez au système, après avoir terminé et obtenu son beau diplôme d'ingénieur spécialisé, quoi de mieux que de changer immédiatement de voie pour devenir scénariste ou réalisateur pour le cinéma et le film d'animation… N'est-ce pas !!! À juste titre, il pouvait craindre ma réaction. Cette orientation est pour le moins inattendue, mais j'en suis ravi, c'est tellement en phase avec ce qui le fait vibrer depuis son plus jeune âge. Voilà donc Erwann qui se libère du carcan du système. Il est à présent complètement épanoui, il a retrouvé confiance et joie de vivre. Quoi de mieux ?! Un pur bonheur.

Mathys et Jeanne sont deux petits anges devenus grands, et les « bons élèves » de la classe. Mathys est aussi sensible que les trois autres et c'est la douceur incarnée. S'il pouvait vivre non pas avec un doudou, mais dans un doudou, ce serait le rêve ! Je caricature un peu, mais ce gamin est un amour. Comme pour nous tous, parents et enfants, son challenge de vie est de transformer son infinie sensibilité en une force qui l'aide en permanence. Apprendre à s'accepter tel que l'on est, avec nos différences, et trouver son juste équilibre. Petit bémol quand même avec Jeanne, petite dernière. Cet ange au féminin n'avait rien demandé en venant au monde, et certainement pas d'être entourée de trois garçons turbulents ! Ma petite sœur Karine a grandi dans ces mêmes conditions avec nos deux cousins Jean-Pierre et Nicolas. Alors, voilà notre ange, très fille, et très garçon quand il faut. Je dirais même qu'aujourd'hui, elle a appris à les mener à la baguette avec fermeté et sourire, et c'est très très drôle. J'adore ma choupette. Mathys a lui aussi suivi les traces de ses parents avec une classe préparatoire où il s'est vraiment régalé. Et oui, s'épanouir en « prépa » c'est possible, mais c'est le seul de la famille à l'avoir vécu ainsi ! L'école centrale de Lyon lui va bien sûr comme un gant. Sa route semble toute tracée, même s'il n'a encore à ce jour absolument aucune idée de ce qu'il fera plus tard. Jeanne n'a pas voulu suivre ses frères malgré les pressions de ses professeurs. Et c'est une bonne chose. Elle s'est orientée en psychologie à l'université où elle travaille intensément. Il est vrai qu'elle a de quoi faire avec la famille et se régale à appliquer son apprentissage et analyser au quotidien nos comportements. Elle sera psychologue clinicienne spécialisée en neurosciences, rien que ça ! L'avenir lui est grand ouvert dans cette discipline en pleine mutation. Je suis comblé de les voir chacun trouver leur voie.

Au premier jour de 2024, je leur pose la question suivante, sachant que je risque d'en prendre pour mon grade… *« Quelle serait cette expérience vécue ensemble, dont vous vous souvenez comme si c'était hier ? Et surtout, qu'est-ce que vous en avez retenu ? »*

Alors, voici égrénés au fil des prochains chapitres leurs souvenirs d'enfants devenus adultes, mot pour mot. À mon tour de lâcher-prise !

À commencer par mon fils aîné, Quentin, une âme d'aventurier :

« Je n'ai pas forcément d'anecdotes précises en tête, mais difficile d'oublier les semaines de randonnées l'été qui tenaient plus de l'entraînement militaire pour des enfants de nos âges que de la semaine de vacances "pépouze" les doigts de pieds en éventails sur la plage. Déjà à l'époque, on avait une bonne moyenne quand on y réfléchit… 8 h de rando et 800 m de dénivelé quotidien… à 13, 11, 9 et 6 ans.

Mais ça, c'était sans compter les fameux "raccourcis" !

Ça commençait toujours par :

"Regardez sur la carte, si on coupe par là, on arrive directement au pied de la montée"

Et se terminait souvent par :

"On n'est pas sur le bon versant, il va falloir traverser par les éboulis et remonter dans les broussailles et la forêt en face" (pour revenir quasiment au point de départ, mais ça, on se gardait bien de nous le dire !)

Alors, on prenait notre mal en patience et on repartait sans vraiment se douter que notre petit raccourci nous avait en réalité allongé la rando de 1 h.

Ça râlait pour le principe, mais, finalement, ça ne dérangeait fondamentalement personne. C'était autant d'occasions de "skier" les éboulis ou de courir et sauter de cailloux en rochers pour atteindre le chemin le plus vite possible.

Malheureusement pour les gens qui m'ont accompagné des années plus tard dans mes propres treks et randos, il semblerait que ce soit héréditaire…

Maintenant que je suis plus grand, ce sont finalement ces passages-là qui étaient les plus importants. Ces petits moments de flottements où on sait que cette décision n'est pas la plus sage, mais qu'en rentrant, ça fera une belle histoire à raconter.

Une belle manière aussi d'apprendre la résignation en fin de compte. »

2 – Zephir Project, retour vers le futur !

Nous sommes le 29 novembre 2021, le froid vient d'envahir brutalement le sud de la France. Le ciel alterne nuages sombres qui défilent, et grand bleu. C'est une caractéristique de cette tramontane noire, qui souffle fort aujourd'hui sur la cote du Languedoc. L'air glacial semble descendre tout droit du mont Canigou enneigé pour l'occasion. Nous ne croisons personne sur cette immense plage du Rouet, sur la commune de La Palme, entre Gruissan et Leucate. C'est une langue sauvage qui s'étend en ligne droite sur plus de dix kilomètres. Notre équipe du projet Zephir est venue sur place avec Antoine Albeau, sportif français le plus titré, et Pierre Schmitz, 15 ans, jeune espoir français, pour tester du nouveau matériel de glisse. Tous deux sont sportifs de haut niveau en planche à voile.

Les visages sont burinés par la fatigue accumulée, le vent, la mer et le froid. Antoine, qui a parcouru le globe en compétition depuis trente ans, ne se souvient même pas quand il a dû porter des gants et des chaussons pour naviguer. Les organismes sont à bout, mais nous repartons de la plage une dernière fois sur l'eau avec une configuration inédite. Pierre découvre avec Antoine et l'équipe la rudesse du métier de champion. Ses mains sont glacées, il tremble de froid, mais il ne renonce pas. Antoine et Pierre naviguent alternativement, et nous les suivons avec un bateau pour pouvoir les filmer et les observer au plus près.

Comme à son habitude, Antoine pousse le matériel à ses limites. Nous avons fait évoluer les foils sous sa planche, pourtant, dès qu'il prend de la vitesse au-delà de 60 km/h, malgré toute son expérience, il ne contrôle plus rien. L'instabilité le fait partir dans des embardées violentes qu'il récupère miraculeusement. C'est particulièrement stressant. Nous devons rester très attentifs sur le bateau pour ne pas risquer de le percuter à pleine vitesse. Cette dernière configuration semble fonctionner, mais on est au bout du bout de ce qui peut se faire.

Il est temps de rentrer, analyser les données embarquées et surtout prendre une longue douche chaude. Il n'y aura pas d'exploits lors de cette campagne d'essais. La nature a dressé devant nous une barrière infranchissable, celle de la puissance de l'élément « eau » qui nous dicte sa loi. Il va falloir la comprendre et l'apprivoiser avec une très grande humilité.

Je souris à l'idée que c'est bien l'écriture des toutes premières pages de ce livre fin 2019 qui m'a amené à rencontrer Antoine Albeau, et à nous lancer ensemble dans ce projet qualifié de pharaonique par les plus grands médias : le « Zephir Project ». Les sports de glisse et le nautisme en général sont entrés dans une nouvelle ère, car à présent, on vole littéralement au-dessus des flots, grâce à ces lames que l'on appelle communément « foils ». Une véritable révolution technologique, humaine et environnementale est en route. En me remémorant notre projet étudiant « Voiletec » de 1992, je pense forcément à Olivier Ponrouch, dit « Ponpon ». Il nous avait alors bien aidés, et je ne résiste pas à la tentation de composer le vieux numéro de leur maison familiale dans l'Aude près de Narbonne. Qui sait ?!

25 ans après, sa maman me répond, toujours aussi dynamique et enjouée ! Le lien se refait tout naturellement avec Olivier. Et il me parle sans fin de ses ailerons de vitesse qu'il a développés depuis notre rencontre en 1992. Les années passent, mais les belles amitiés restent intactes. À juste titre, il est évidemment très fier de me dire que le champion incontesté a atteint des performances « top niveau » avec ses prototypes… *« Antoine Albeau ?! »*, lui fais-je répéter. *« Tu connais bien Antoine ?! Depuis plusieurs années, j'ai une idée en tête, mais ça ne peut être qu'avec Antoine ».* J'ai envie de redescendre des records en montagne à mes premières amours, la mer et la glisse à la voile. Le timing est parfait de mon côté. Il faut absolument que je lui parle, puis on verra ce qu'il advient.

Depuis ses débuts internationaux en 1992, Antoine est devenu une légende de son sport, la planche à voile, appelé windsurf par les

Anglo-saxons. Il est aussi le sportif français le plus titré avec 25 couronnes mondiales et de nombreux records du monde de vitesse. Pensant s'orienter vers la voile olympique tout au début de sa carrière, il doit changer de voie à cause de son gabarit trop lourd pour le format de l'époque. Il bascule dans le « funboard » où il gagne dans presque toutes les disciplines : slalom, freestyle et vitesse, au point de remplir son salon avec ses trophées ! Seule manque à son palmarès mondial, l'épreuve des vagues où il n'a fait « que » des podiums internationaux… Quand on voit le niveau et sa stature de colosse, c'est assez fou de s'être hissé à un tel niveau. Mais lorsqu'Antoine envoie des loopings à dix mètres de haut, ça force le respect !

Façonné par l'exigence et l'amour de ses parents, Jean-Marie et Marie-Claire, notre champion est tout simplement un surdoué dans son sport. Antoine a grandi sur l'île de Ré, plus précisément à La Couarde, avec ses parents qui avaient monté un club de voile dans les années 70. Ils ont été parmi les tout premiers à faire découvrir la planche à voile aux Français. L'engouement dépasse tout le monde et le jeune Antoine passe ses journées sur l'eau dans toutes les conditions. Il n'arrête jamais. Tel un marin du large, c'est un passionné qui ne lâche rien. Au fil des années, il se forge une âme de guerrier. En plus de cela, Antoine est très doué techniquement, un vrai chat sur tout ce qui flotte malgré son gabarit. Ajoutez qu'il est aussi un fin tacticien en régate, grâce à son expérience de l'olympisme, et vous avez un planchiste hors norme. En compétition, il n'affiche jamais ses doutes, et il sait au fond de lui, que, si son matériel est au niveau de celui des autres, il gagnera. Et s'il est plus performant, il devient intouchable. En plus d'être très fort techniquement, il devient progressivement un excellent metteur au point pour ses marques partenaires qu'il hisse au plus haut sommet avec lui. Il accumule l'expérience et la confiance au fil des années pour cumuler 30 ans de carrière au plus haut niveau face à tous, y compris les jeunes loups fougueux du circuit.

Si l'on se penche sur son parcours sportif, Antoine a suivi une préparation olympique pour Barcelone en 1992, tout en faisant du funboard en parallèle. Contrairement aux planches des JO, ce matériel permet d'accélérer très fort et de déjauger[7]. L'adrénaline et le plaisir sont incroyables à chaque sortie. D'où le terme américain de « funboard » en complément de windsurf. Pourtant qualifiable aux Jeux, Antoine s'écarte volontairement de l'olympisme pour se consacrer pleinement à ce qui l'amuse le plus. C'est son truc ! Déjà sacré champion de France en 1991, il s'adjuge quelques victoires prestigieuses sur le circuit mondial du PWA World Tour (Professional Windsurfers Association) dès 1992, dont une face alors à la légende indétrônable Björn Dunkerberck. La machine est en route avec toutes ses qualités techniques et humaines. Le véliplanchiste obtient la consécration de Marin de l'Année en 2010. Côté vitesse, il n'a rien perdu de cette passion tout au long de sa carrière. Ni son envie de battre des records. Il est impressionnant de puissance et de régularité dans cette discipline très engagée.

Quelques jours seulement après ma conversation avec Olivier, j'ai l'opportunité d'une intervention sur la centrale nucléaire de Civaux à environ deux heures du domicile d'Antoine. Nous nous donnons rendez-vous chez lui sur l'île de Ré. Nous sommes fin janvier 2020 et Antoine est en pleine construction de sa nouvelle maison. Je le vois sortir en tenue de chantier, bonnet sur la tête, et nous voilà qui faisons connaissance. Nous partageons nos chemins de vie en toute simplicité. Pas de florilèges, l'un comme l'autre, nous sentons que cette rencontre est vraiment dans le parfait timing. Chacun à notre façon, nous avons une belle expérience des défis sportifs et de la haute performance en milieu extrême.

Nous visionnons quelques images de ses exploits sur son ordinateur, qu'il me commente : *« j'ai battu le record du monde absolu de vitesse à la voile aux Saintes-Maries-de-la-Mer en 2008 avec un run à 49,09 nœuds sur la distance officielle de 500 mètres. J'en ai établi un autre à Lüderitz en Namibie à une vitesse moyenne de 52,05 nœuds (96,39 km/h) en*

---

[7] Avec la vitesse, la planche change de fonctionnement, comme pour un bateau hors-bord, la surface au contact de l'eau devient très réduite, pour procurer de belles sensations de « glisse ».

2013 avant de l'améliorer à 53,27 nœuds en 2015. Mais c'est seulement 98,65 km/h. J'ai dépassé ponctuellement la barrière des 100 au GPS, mais je voudrais passer ces 100 km/h en moyenne sur 500 m. »

Il faut savoir que pendant cette même journée de 2015, Antoine bat 17 fois son précédent record officiel. Les conditions sont dantesques avec 50 nœuds de vent établi et le sable emporté qui fouette son visage pendant le run. Mais Antoine est arrivé préparé comme jamais grâce en particulier à son préparateur Philippe, et il navigue avec une efficacité redoutable toute la journée.

En écoutant Antoine me décrire ce record que j'avais bien sûr suivi dans les médias, je comprends mieux qui il est, et comment il appréhende la compétition et les défis. Ça me parle tellement. Je retrouve la sagesse et le mindset de guerrier d'Éric Barone[8] et d'autres rares champions. Antoine est clairement la personne avec qui nous pouvons collectivement relever ce défi. Il incarne à lui seul ma notion d'UltraPerformance. C'est un technicien hors pair qui a développé une intuition hallucinante quand il s'agit de faire évoluer son matériel pour performer et gagner. À côté de cela, il a un cœur énorme, aussi bien dans son engagement que dans ses relations. Un diamant brut. Il est particulièrement réservé dans le partage de ses émotions, et un mot amical d'Antoine en vaut des milliers.

Après avoir pris le temps d'échanger tranquillement, je sens que nous sommes très complémentaires dans nos savoir-faire et qu'humainement, c'est un bonheur. Cet homme est juste exceptionnel par sa force et sa sagesse. Ça va matcher. Il ajoute : *« j'ai remporté 25 titres de champion du monde et je suis fatigué de tous ces déplacements autour de la planète. C'est le moment de lever le pied et de rester auprès de ma famille, Paola et notre petit Alani. Ça changerait quoi d'en avoir 26 ou plus encore ? »* Puis à nouveau : *« Par contre, passer les 100, ça oui ! »*.

---

[8] Champion du Monde de descente et de vitesse en VTT, également cascadeur.

Je lui dis alors : *« 100 km/h sur 500 m officialisés par le WSSRC[9], c'est une belle ambition. Et pourquoi ne pas dépasser les 120, Antoine ?*

La planche à voile à aileron dans sa configuration actuelle est au bout de son évolution, tu es d'accord avec ça. Si on repart de la feuille blanche comme on a pu le faire sur d'autres succès en sport extrême, l'objectif est d'atteindre la très haute vitesse tout en trouvant une forme de confort. Reprendre le record absolu à la voile établi en 2012 par une sorte de bateau à 121 km/h. Qu'est-ce que tu en penses ? »

Antoine est un garçon particulièrement pragmatique, il ne saute jamais au plafond, mais cette barre XXXL lui donne le sourire. Comme un gosse qui a envie d'un bonbon et qui imagine s'offrir toute la boîte. Et si on lui propose le matériel adapté, bien sûr qu'il y va ! D'un regard, on sait que c'est parti… Enfin, là, on est tout juste deux mecs assis à rêver d'« impossible »… Nous défions l'Everest de la vitesse à la voile avec un tout petit engin de glisse qui avance à la seule force de l'homme et du vent.

Sachant qu'avec Antoine il faut aller à l'essentiel, il n'y a pas une minute à perdre. *« On fait quoi du coup maintenant ? »* Il attendrait presque que le premier prototype soit déjà là, dans mon fourgon de chantier ! Et nous voilà donc vraiment partis, d'abord en imaginant notre « Dream Team » dans nos réseaux. Feuille de papier à la main, les noms s'égrènent. Déjà, une dizaine de tops experts mondiaux sont à portée de téléphone, chacun pouvant nous amener vers d'autres. Notre objectif premier au lancement, c'est le pur défi de la haute vitesse, développer de nouveaux matériels et battre des records successifs. La stratégie m'est assez familière : constituer un écosystème de partenaires engagés, spécialisés dans des technologies complémentaires et mettre en route cette vision tous ensemble. Pour Antoine, ne pas tout faire seul ou presque est une démarche originale. Il doit s'adapter en prenant une place dans une équipe très complète et diverse. Comme pour Éric Barone lors de ses records, il doit se fondre dans ce nouveau collectif

---

[9] World Sailing Speed Record Council: organisme officiel en charge de la ratification des records de vitesse à la voile.

qui se construit au fil des semaines. Il dira d'ailleurs à la presse : *« j'ai toujours fait de la R & D pour mes sponsors et j'avais envie de partir sur un autre projet. Je trouve ça fou de voir à quel point la technologie a avancé ».*

Quelques semaines plus tard, nous nous retrouvons avec Antoine pour avancer concrètement sur nos idées. Il me propose d'aller manger un morceau avec Paola et leurs amis proches, la famille Schmitz à la tête du joli camping de la Tour des Prises à La Couarde. Je découvre alors Jean-Charles et Angélique, forts sympathiques, qui viennent accompagnés de leur petite tête blonde de quatorze ans, le jeune Pierre. Je comprends bien qu'Antoine a besoin d'avoir un avis extérieur de confiance sur ce que nous entreprenons. Nous passons un très bon moment ensemble, et je commence à poser des questions à Pierre. Je découvre sa passion pour le windsurf et son admiration pour « Le Boss ». Me revient alors en tête l'image du petit Julien Taboulet, trente ans auparavant. Quatorze ans lui aussi, même tête d'ange. Après quelques minutes, je parle de cette journée de tests aux Saintes-Marie-de-la-Mer avec le jeune Julien. Antoine rebondit tout de suite en me parlant du père de Julien, Gérard. Il lui avait confié son fils surdoué dans les vagues pour l'aider sur le circuit mondial et veiller sur lui… Rires… Ils excellent en compétition et deviennent aussi les meilleurs amis du monde à faire les quatre cents coups !

L'histoire serait-elle en train de se répéter ? Nous avons besoin de ce regard jeune, sans a priori ni déformation professionnelle, Pierre doit faire partie de l'aventure. Quand je propose l'idée que Pierre rejoigne Zephir à nos côtés avec Antoine, les parents n'hésitent pas, Antoine est bien sûr en phase, et je vois Pierre qui hallucine complet en buvant son coca. *« Une dinguerie ! »*, c'est son mot. Ce gamin est un amour et un travailleur assidu qui ne baisse jamais les bras. C'est une certitude, prendre les pas d'un géant tel qu'Antoine, quoi qu'il se passe dans l'avenir, est un cadeau de la vie comme on en reçoit rarement. Pierre va confirmer notre confiance au fil des ans et atteindre les sommets dans sa discipline. Sur les réseaux, Pierre commence déjà à cartonner, nom de guerrier : Schmitou !

Nos champions-testeurs sont à présent trois, si l'on ajoute notre cher Ponpon, trois personnes d'une immense valeur. La confiance entre nous va nous porter, quoi que nous rencontrions face à nous. Car les obstacles vont être littéralement colossaux. Mais nous ne le mesurons pas.

Nous baptisons notre projet ZEPHIR, inspiré du vent mythique grec Zéphyr, modéré et chaud. Les hautes vitesses à la voile seront atteintes dans des vents moyens de l'ordre de 30 nœuds. Nous y combinons la dimension humaine et l'innovation. Zephir contient donc les lettres H, I et R pour « Humaneness and Innovation for Records ». En français : Humanisme et Innovation pour des Records… de toutes natures. L'aventure a un nom de code : « Zephir Project », porté par une association du même nom. L'intérêt de cette configuration juridique est de pouvoir rassembler toutes formes de compétences et de types et tailles de structures autour d'un objectif commun.

Au-delà d'un noyau très impliqué, malgré les difficultés de la crise Covid-19 et des confinements successifs, Zephir Project regroupe dès 2021 quelque 80 experts passionnés qui contribuent au projet. Se côtoie ainsi le monde de la voile, de la F1, de l'aéronautique, du spatial, de la modélisation 3D, du cinéma ou encore de l'Intelligence artificielle. Parmi eux, par exemple, Robert Ströj est responsable du design des voiles Neil Pryde, avec qui Antoine a gagné de nombreux titres, ou encore l'expert en aérodynamique Ignazio Maria Viola. Quand on lit les CV de toutes ces personnes, cela force le respect. La Dream Team prend réellement forme, et nous croisons des légendes vivantes qui ne comptent plus les titres ! Par exemple, Martin Fischer et Geoff Willis, qui sont deux monuments de la haute performance. Martin est ingénieur-architecte naval d'origine allemande et vivant en Nouvelle-Calédonie. Il a presque tout gagné. On se souviendra entre autres des campagnes Groupama et de la Volvo Ocean Race avec Franck Cammas et Charles Caudrelier, ou encore les deux finales de la Coupe de l'America avec le bateau Luna Rossa en 2021, puis le bateau Ineos en 2024.

Je me permets une parenthèse pour parler de Formule 1. Geoff Willis en est un géant. Il a amené à Mercedes F1 une série de sept titres mondiaux consécutifs de 2014 à 2020. Il a également gagné avec les écuries Williams, RedBull… Lors de ma visite à Brackley au Royaume-Uni pour revoir Martin, j'ai pu apprécier ces deux belles personnes très disponibles, mais au niveau d'exigence extrême. Nous sommes la veille des premiers essais de vol en mer de leur prototype et simultanément du Grand Prix de F1 d'Abu Dhabi… et pourtant, nous passons deux heures ensemble. Pouvoir visiter tous les trois le site Mercedes Petronas Formula 1, et le plateau Ineos Britannia est vraiment impressionnant. Geoff a vu grandir l'écurie de 200 à 1200 personnes dévolues exclusivement à la course. Le niveau technologique est HALLUCINANT ! Ils fabriquent sur place environ 60 % des voitures de course, mais 100 % des pièces sensibles pour la sécurité et la fiabilité. Connaissant bien le secteur aéronautique, ils sont pour moi à un niveau d'exigence très similaire. Pouvoir discuter tranquillement avec ces deux « légendes » de la très haute performance et croiser des idées autour de Zephir Project est un vrai privilège. Côté écoresponsabilité, par contre, il y a encore du travail à faire pour changer les états d'esprit. Mais peut-être qu'une petite graine « Zephir » est semée ce jour-là, qui sait !

Attachés à la transmission, au-delà de Pierre qui rejoint le Pôle France Espoirs, nous choisissons de nous appuyer sur des étudiants issus de l'ENSTA, de Centrale Lyon ou encore de l'Université de Bretagne Sud. Fait assez extraordinaire, Antoine Le Duigou, professeur et chercheur, y lance en 2022 un Master d'Ingénierie Marine axé sur le biomimétisme, l'écoconception et les matériaux écoresponsables. Cette formation d'ingénieurs est labellisée par le Pôle Mer Bretagne Atlantique, qui fait de Zephir la colonne vertébrale de leurs deux années d'études. Une vraie reconnaissance pour nous. Nous intervenons régulièrement avec Antoine sur place ou en visio pour échanger avec les professeurs-chercheurs et les jeunes étudiants. Du côté de Pierre, nous le voyons nous observer et prendre part aux essais. Il a souvent les yeux écarquillés, mais il a aussi un recul et des avis techniques très éclairés. Il a cette innocence du jeune athlète qui nous apporte la fraîcheur nécessaire dans notre exploration et il teste tous nos prototypes.

Notre problématique est bien spécifique : Antoine est au cœur de la structure avec une force « humaine » limitée malgré tout. Il ne sera pas le passager d'un bateau, mais un acteur de la performance dans le milieu naturel, ce qui nous oblige à aller chercher plus d'efficacité énergétique et une forme de glisse absolue à la voile. Les bateaux qui font des records sont surpuissants dans le vent et l'eau, avec une énorme débauche d'énergie au point de vaporiser l'eau de mer. Dans la nature, de ce que l'on sait, aucun poisson n'utilise ce type de bulle de cavitation à haute vitesse. Nous prenons donc une autre voie. Nous devons récupérer un maximum d'énergie et en dépenser un minimum. Pour cela, il nous faut décoder la nature grâce à notre intelligence collective et à la haute technologie, et mieux comprendre les secrets de la glisse du poisson et de l'oiseau. Autour du biomimétisme, le projet comporte de nombreuses briques technologiques.

Nous pouvons nous appuyer à présent sur plusieurs avancées majeures. Avant tout, la puissance de calcul et les logiciels en mécanique des fluides ont vu des améliorations phénoménales. Dans le même temps, les capacités de gestion des big data en termes de stockage et d'analyse avec l'intelligence artificielle ont suivi une progression exponentielle. Cela laisse toute la place pour exploiter l'évolution des capteurs de mesure embarqués, qui associent leur précision extrême à de nouvelles capacités de calcul en local, qui limitent les transferts de données.

En parallèle, la connaissance des structures architecturées issues du biomimétisme est une vraie grande rupture. Le « nid d'abeille » est historiquement le plus connu. Mais l'observation scientifique des structures développées dans la nature apporte une infinité de solutions aux caractéristiques mécaniques très spécifiques et souvent stupéfiantes. L'éponge de mer, le bec de toucan, l'os d'oiseau, le bambou, l'os de seiche, les crânes de mammifères marins… Une encyclopédie quasi infinie de cas d'école est en action au quotidien sous nos yeux. Encore faut-il parvenir à les comprendre.

Si l'on ajoute à tout cela notre capacité à construire avec une très grande précision grâce à la fabrication additive robotisée (impression 3D industrielle) des prototypes, issus du calcul de conception, nous avons un écosystème disrupteur très opérationnel.

Quand nous évoquons tous ces axes de réflexion technique avec d'autres ingénieurs, Antoine m'impressionne par son sens pratique et ses questions concrètes. Sa curiosité est un plaisir à voir. Il aime la technique. Son père, Jean-Marie, qui était professeur en technologie, lui a certainement transmis ce bon virus.

Dès le lancement de notre communication sur les réseaux et les médias spécialisés en mars 2020, l'engouement autour du projet est absolument extraordinaire. En toute bonne foi, c'est la chasse au « Record du Monde » que nous mettons en avant. Nous pensons faire le bon choix. Que ce soit les personnes avec leur savoir-faire ou les entreprises qui viennent nous aider avec leur expérience et leurs moyens techniques, nous voilà portés par un véritable élan collectif. Les médias y contribuent largement, puisque nous allons pouvoir toucher près de deux cents millions de contacts en dix-huit mois, sans financer une seule campagne de communication. Un véritable petit exploit médiatique en soi. La presse nationale, régionale et locale, mais aussi certains médias internationaux, nous suivent régulièrement. Par exemple, nous avons l'honneur d'avoir un Grand Format de 5-6 minutes en 2021 dans Stade2 sur France Télévision. Puis, en 2022, à nouveau un reportage sous l'angle « Top Gun » avec Claire Voquier-Ficaud et son équipe. Citons France Info, France Inter, France Bleu, passage au 20 h de Rai Uno, The Guardian, les plus grands de la presse écrite comme Les Échos, Ça m'intéresse… Voiles & Voiliers, très orienté « bateau », nous fait l'honneur de plusieurs pages dans le magazine hors-série de l'été 2022. L'intérêt est réel et se confirme au fil des mois. Tous les voyants sont au vert.

Dès fin 2020, nous sommes confiants dans le fait que nous allons pouvoir rapidement trouver des sponsors et des soutiens financiers. Les campagnes d'emailing ciblées se succèdent avec des listings de centaines de personnes qualifiées, les rendez-vous, les contacts à la suite de mes conférences et même quatre dossiers sont instruits auprès de la Région Sud. Nous entendons très souvent la phrase *« Votre projet est fantastique, bien sûr qu'on va vous soutenir. »*

Preuve de l'intérêt porté, nous lançons une campagne participative pour nous aider à passer le cap avant de pouvoir embarquer de gros sponsors. C'est beaucoup d'énergie à déployer, mais nous tentons. De nombreuses personnes nous font confiance et nous donnent alors un réel coup de pouce financier. Un grand merci à tous, quelle que soit votre contribution, car chaque Euro nous a aidés. Mais clairement, ce ne sera pas le milieu du windsurf qui va pouvoir contribuer à hauteur de nos besoins.

Malgré la réelle bonne foi de la grande majorité de nos interlocuteurs, le système économique semble profondément réfractaire au projet tel qu'il est perçu. On ne rentre dans aucune case dès que l'on passe dans les mains des responsables de la communication et du sponsoring. Cette course au record avec une planche à voile est trop spécifique, pas assez « mainstream », ni « bankable » comparée à la belle course au large sur ces grands et beaux bateaux. Et au fond, à quoi ça sert ?! À ce stade, ce que nous proposons est insuffisant ou mal formulé. Pour preuve, sur environ 2500 emails ciblés ou appels, nous recevons rarement des réponses négatives, mais souvent les interlocuteurs passent aux abonnés absents.

C'est un peu comme si tout le monde veut suivre en spectateur l'aventure sur YouTube ou dans les médias. Tous autour du berceau Zephir, en attendant des exploits, mais trop peu nous aident financièrement pour les atteindre. C'est terriblement frustrant. Concernant les marques dans les sports de glisse, Zephir Project pourrait devenir un futur concurrent, donc c'est plutôt les critiques et la soupe à la grimace. Cependant, les milieux de la voile et de la course au large s'intéressent de plus en plus à notre vision. Mais peu importe, nous acceptons de recevoir ces signes qui ont forcément un sens, et nous traçons notre route.

Pour agrémenter le tout, évidemment que le nombre de farfelus qui nous approchent régulièrement est assez impressionnant. De véritables champions du monde des «grandes gueules» qui ont des réseaux de l'espace, et qui trouvent des millions de dollars en claquant des doigts. Mais bien sûr ! Pour exemple, je reçois un jour une prise de contact d'un investisseur anglais. Après quelques courts messages et un simple appel, je me vois proposer un rendez-vous à Barcelone pour boucler le dossier financier ensemble avec une remise sur place de 1,2 million d'euros… Très sceptique, avant d'aller plus loin, Emmanuel (mon ami Numa de Centrale, à présent dans la biotech à San Diego !), qui est impliqué dans Zephir, fait son enquête et donne un coup de fil à ce bonhomme mystérieux et volubile. Il s'agit apparemment d'un mélange de fonds russes et du Moyen-Orient qui travaillent avec des chasseurs de têtes depuis Londres. *« Merci, au revoir Monsieur ! »* Fin de l'histoire, ce n'est pas dans nos valeurs.

Des pertes de temps, de faux espoirs réguliers, mais surtout une réalité financière difficile. Quelle énergie déployée au quotidien ! Et ce sont les montagnes russes, mais celles-là émotionnelles. Personnellement, c'est très dur et inattendu, et je ne vois pas le bout du tunnel. Cette situation est complètement paradoxale. Ce *« Pourquoi ? »* me hante jour et nuit. Pourtant, nous avons tant à faire, et trop peu de moyens pour relever le défi. Il faut encore et encore analyser la situation, nous remettre en question et innover.

Chaque jour qui passe nous confirme que le projet en vaut sincèrement la peine. Mais à ce stade, nous n'avons pas su communiquer sur le fond de notre vision et nous sortir de l'étiquette «planche à voile et record». Oui, cette planche à voile est un laboratoire idéal, oui, de nouveaux records seront là, comme une démonstration des résultats, et l'objectif est de rendre la «performance»[10] accessible à tous et enfin réellement respectueuse de l'environnement. Ce paradoxe peu connu de l'impact environnemental

---

[10] La notion de performance peut concerner la vitesse de déplacement, la consommation énergétique, l'empreinte carbone du matériel, sa recyclabilité…

catastrophique du nautisme doit disparaître. Heureusement, notre noyau dur reste fort avec Antoine, Ponpon, Pierre, Emmanuel et Hermès qui nous a rejoints. Elle a la patience, le recul et la sagesse, de nous challenger en permanence sur la cohérence de notre vision et sur le sens de nos actions. Elle me pousse dans mes retranchements.

Dans la durée, nos partenaires techniques restent bien présents à nos côtés malgré les tensions financières. Dans tous les cas, nous devons avancer avec frugalité dans toutes nos actions. La nature est bien faite, et le projet a un sens profond, cela signifie que nous nous exprimons mal. Confiant, je ne lâche rien, mais mes économies y passent progressivement.

Techniquement, nous nous régalons avec Antoine et l'équipe. Prototypes, tests, rigolades et frustrations parfois. Depuis son lancement, le projet a été décomposé en trois domaines : ce qui est dans l'air, à la surface de l'eau et dessous. Nous essayons déjà de comprendre comment fonctionne le matériel existant. Nouveaux concepts de planches, voiles épaisses, de nouveaux foils, combinaison spécifique… Nous avons aussi avancé sur l'efficacité aérodynamique et la manière dont fonctionne l'ensemble aile/pilote pour qu'il soit capable de s'adapter aux variations du vent. Pour sa part, la planche est au centre du système. Elle relie tous les éléments entre eux et concentre les forces, comme celles du rider à travers ses pieds, les forces du gréement attaché par son pied de mât et celles des appendices (foils, ailerons) sous l'eau. Au niveau de son volume et de sa forme, elle doit permettre de couvrir toutes les plages de vitesse. Toute l'électronique embarquée est essentiellement intégrée dans la planche, c'est notre centre de commande. Enfin, les appendices sont une partie clef. On travaille sur leur déformation pour amener performance et stabilité.

L'objectif est d'avoir un engin dont le comportement et les temps de réaction permettent à Antoine de l'exploiter pleinement. L'objectif est d'évoluer aux très hautes vitesses dans un « confort » maximal. Mais la réalité n'est pas aussi douce. Un gros crash dans l'eau à pleine vitesse, cela arrive même au plus grand des champions… Et ça fait mal ! Surtout en windfoil (planche à voile à foil) où les chutes sont très violentes. Mais Antoine tombe vraiment très très peu, même quand il atteint ses limites, à des allures inconnues pour lui. Et il m'impressionne à chaque fois par sa capacité à aller très vite et en sécurité. Lors de nos essais de mai 2022, c'est seulement 2 chutes en 3 jours d'essais et 17 heures sur l'eau. 27 configurations sont testées à leurs limites ! Ses trente ans de carrière au plus haut niveau ne sont vraiment pas le fruit du hasard !

Ce qui m'a toujours frappé en sport extrême, que ce soit ici sur l'eau à haute vitesse, sur neige ou sur terre en VTT, c'est le silence et l'attente après un crash… Pour en avoir vécu plusieurs, vu de l'extérieur, c'est souvent très impressionnant et vraiment flippant. Mais dans le même instant, il faut garder une attention absolue pour savoir avant tout si le pilote va bien, puis gérer le matériel et décider ensemble de la suite à donner. Cet étrange mélange de calme froid et d'émotions peut être déstabilisant.

Dans la photo rare d'une chute captée par notre photographe Richard Bord, Antoine s'est fait mal aux cervicales, heureusement sans gravité. En foil, la violence de la chute est amplifiée par la hauteur de vol. Pire encore, le foil lui-même peut subitement faire ancre dans l'eau et stopper la planche. Dans la chute à ces vitesses-là, l'eau devient un énorme frein sur tout le corps. La tête est lourde, et elle étire violemment toute la colonne à l'impact. Le parfait coup du lapin ! Ce risque est clairement identifié, mais la solution n'est pas encore satisfaisante. Avec les futures vitesses d'Antoine, qui côtoiera les 120-130 km/h, nous devons impérativement trouver une protection plus adaptée. Pas question de prendre un quelconque risque… Même si la légende dit qu'Antoine Albeau ne tombe pas !

À terre, nous travaillons à comprendre les effets du vent dans les voiles et sur les riders. Nos journées d'essais en soufflerie sont une vraie course contre la montre ! Cette installation très technique permet de faire circuler l'air dans une veine de plusieurs mètres de diamètre grâce à de grosses turbines. Tout est calculé pour que la vitesse du vent soit parfaitement maîtrisée dans une zone équipée d'instruments de mesure. Un plateau tournant au sol permet d'y fixer le matériel mesuré. Sous ce plateau, une balance de pesée enregistre toutes les forces et les moments de torsion subis pendant le test, en l'occurrence Antoine et sa planche à voile. Que ce soit chez ACE à Magny-Cours ou à l'IAT-CNAM à St-Cyr-L'Ecole, Antoine peut lire directement ces forces en cours d'essai pour chercher la position optimale. On enregistre ainsi la traînée de l'ensemble dans le vent en fonction de la position du pilote et de sa combinaison que l'on équipe d'appendices. Lors des derniers essais en 2023, le planning était chargé. Les mesures se sont enchaînées avec une trentaine de configurations sur ces deux journées d'une rare intensité ! L'objectif est d'aider Antoine à avoir un maximum de stabilité dans le vent pendant la navigation. Combiné aux autres développements matériels (foils, board, aile), cela va lui permettre d'augmenter la puissance qu'il peut transmettre à son flotteur, et donc sa vitesse. On s'est serré les coudes, on a ri, on a stressé, on a fait fumer nos cerveaux aussi. On est allés au bout de ce qu'on pouvait faire… Une fois encore bien lessivés en sortant, mais avec un grand sourire. Pur hasard du calendrier, nous y retournons en mars 2025, date de parution de ce livre !

Nous ramenons des images dingues qui restent dans nos têtes, que ce soit en mer dans le froid et la tempête, ou en soufflerie. Les vidéos et les photos de ces moments hors du temps sont sublimes. Les visages marqués, les rires, les clins d'œil, les premiers « exploits », mais aussi les frustrations quand il y a de la casse… C'est tout ce que l'on aime ! Et si je pouvais m'y consacrer pleinement plutôt que de passer beaucoup de mon énergie à chercher des financements, ce serait fabuleux.

Au fond, nous avons absolument tout construit depuis le premier jour sur des valeurs durables et nous nous y sommes tenus. Tout est prêt pour ce grand saut en avant écoresponsable, et c'est à nous de faire savoir que ce n'est pas de la poudre aux yeux « green ». Durant l'année 2024, nous percevons de nombreux signes positifs qui ouvrent les portes d'une toute nouvelle dimension à Zephir Project. Nous avons à présent les clefs d'un retour vers le futur réussi ! Rendez-vous dans quelques chapitres !

3 – Faire face et apprendre

La patience de mes enfants pendant nos randonnées me renvoie au jeune Pierre Schmitz, que je vois assis dans le froid sur sa planche, ce jour de novembre 2021. Grelottant, il attend patiemment que je lui attache son casque avant de repartir dans le vent sur un matériel très technique, qu'il ne connaît pas. Pour ce nouvel essai, il doit tracer des lignes droites en volant au-dessus de l'eau, « pied au plancher ». Au fond de moi, je sais que ces quelques minutes supplémentaires au soleil couchant sont à la fois les plus difficiles pour lui, et celles qui le font grandir comme jamais. Il a confiance, il se laisse porter, il sait qu'il est à bonne école. Ces instants suspendus où j'ai autant froid que lui me replongent dans tous ces moments forts passés sur l'eau depuis ma plus jeune enfance.

J'ai alors cinq ans, quand, pour la première fois, je me retrouve à la barre d'un voilier. Celui de Roger, un ami proche de la famille, parrain de ma petite sœur Karine. Cette sensation de glisser sur l'eau et d'avoir dans mes mains la trajectoire de ce gros bateau est un souvenir fort. Le vent dans les voiles, les vagues qui frappent la coque, la gîte impressionnante et pourtant apparemment normale ! Je suis envahi par toutes ces émotions, je sais déjà que cet élément marin est bien le mien. Un petit souci quand même avec cette barre franche qui fait aller le bateau à gauche quand on la pousse à droite, et inversement… Mais bon, il y a forcément une bonne raison et il va falloir s'y faire !

Depuis mon enfance, j'aurai passé beaucoup de temps sur l'eau à essayer de nombreux sports différents. J'ai adoré apprendre le dériveur, le quillard, la planche à voile, ou encore le kitesurf… Et à présent les sports de glisse volant au-dessus de la surface grâce à des foils… alors que mettre la tête sous l'eau, sans même envisager la plongée sous-marine, sont pour moi des barrières infranchissables. Une peur dont je ne connais toujours pas l'origine. Cela va quand même mieux aujourd'hui, même si une forme d'angoisse persiste. Cet attrait pour la prise de risque, qui m'a toujours accompagné, va prendre une nouvelle tournure après cet incident qui aurait dû me coûter la vie.

Jeune adolescent, je passe un mois chaque été près de Perpignan, pour aider des amis proches propriétaires d'un club de voile saisonnier à Port Fitou. Cela me permet aussi de gagner un peu d'argent. Du haut de mes 12 ans, ma mission est de sortir et préparer toutes ces planches à voile le matin, puis les rentrer le soir. Et ce n'est pas une mince affaire sachant qu'à l'époque, au début des années 80, chaque flotteur « BIC » pèse environ 23 kilos, et il y en a une bonne vingtaine. Durant la journée, avec l'expérience, j'obtiens le rôle de jeune moniteur en herbe pour accompagner les débutants. Je me retrouve le plus souvent sous un soleil de plomb, assis sur une planche avec une pagaie, les fesses dans l'eau salée. Les heures sont parfois très longues, et il faut soigner les brûlures dues aux UV et au sel marin. Les moments que je préfère, ce sont les coups de Tramontane ou de vent marin qui déboulent sur l'étang. Nous pouvons l'anticiper de quelques minutes seulement en voyant l'écume blanche arriver au loin. C'est alors le branle-bas de combat : ramener au bord les moins expérimentés, laisser consciencieusement galérer et s'éloigner du bord ceux qui ont une petite marge technique. On retourne ensuite les chercher avec notre annexe de sécurité dans des conditions qui deviennent de plus en plus musclées. J'ai alors l'honneur de ramener au club leur planche à voile pendant qu'ils rentrent en bateau avec les moniteurs.

Je suis fier à la fois de participer à ces « sauvetages » dans des circonstances qui me paraissent extrêmes. Et dans le même temps, c'est une chance de pouvoir naviguer dans du vent fort et d'apprendre un peu plus chaque fois. Lorsque tout le monde est en sécurité et que tout est rangé à l'abri, les stagiaires peuvent décompresser en racontant leurs aventures. Passer en quelques minutes d'un temps calme avec un filet d'air agréable, à une tempête dans laquelle on a du mal à tenir debout, c'est une expérience qui marque tous ces vacanciers. L'endroit est d'ailleurs toujours réputé pour ces bascules imprévisibles.

Mais nous ne perdons pas une seconde avec mes amis moniteurs. Temps libre ! C'est la course pour s'équiper et choisir la bonne voile, la bonne planche et partir nous amuser. Nous basculons des gentils monos au teint bronzé, casquette vissée sur la tête, aux aventuriers qui défient les éléments sous l'œil des « rescapés ». Nous sommes en 1984, j'ai 14 ans, et le funboard en est à ses débuts avec un matériel encore peu fiable. Vient tout de même de sortir un harnais assez rudimentaire qui nous permet de nous accrocher à la voile par un cordage souple. Pour moi qui suis encore gringalet, c'est génial, je peux reposer un peu mes bras et naviguer plus longtemps.

En ce jour particulier, la Tramontane qui s'est levée est violente. J'ai choisi la plus petite « voile tempête » possible, mais elle fait quand même 4,5 m²... C'est très limite, mais elle va me permettre de sortir tirer des bords dans la baie juste devant le club. Il y a des rafales à 40-45 nœuds, c'est plutôt le mode survie, mais j'aime ça. Il n'y a pas vraiment de risque. C'est alors qu'en pleine navigation, je ne comprends pas vraiment ce qu'il se passe, mais une énorme rafale que je ne vois pas arriver prend ma trop grande voile à contre, et me fait chuter. Me voilà brutalement plaqué sous l'eau. Ce n'est pas la première fois, je suis tout près du bord avec peu de fond, je vais pouvoir repartir dans l'autre sens, comme des centaines de fois... Mais je suis encore couché sous la voile, sous l'eau, face contre elle, sans appui possible. Sans appui possible, mes pieds peuvent sentir les algues du fond onduler, je suis complètement cambré, et mon souffle a été coupé par le choc... Le vent puissant continue de plaquer la voile sur l'eau, et moi, je suis dessous. Mon harnais s'est raccroché au gréement d'une façon inhabituelle, mes mains cherchent à m'en libérer, je ne comprends pas, je manque d'air, je panique, le temps me paraît infini... Pas là, pas comme ça, je perds mes repères... C'est pas possible... Je bataille encore, rien n'y fait... Je suis résigné, je lâche prise... Et tout à coup, je me sens glisser lentement sous la voile... j'en attrape avec difficulté un bord et je peux sortir enfin la tête à l'air libre.

Je suis dans un mètre d'eau, le vent me hurle aux oreilles dans un bruit assourdissant qui contraste avec le calme et le silence absolu sous l'eau ! J'entends le message : *« Espèce d'idiot ! Rentre et apprends bien la leçon ! »* Je reste là, prostré de longues minutes avant de revenir à terre, traumatisé par ce que je viens de vivre. Défier les éléments, et partir à l'aventure avec du matériel mal maîtrisé, mal réglé, un cordage souple qui peut mal s'accrocher, cela peut te coûter la vie. Prendre des risques, cela passe par la connaissance des dangers, et de s'y préparer minutieusement. Cette expérience de (sur) vie me suit depuis ce jour-là. Jeune inconscient de 14 ans.

Je ne me souviens d'ailleurs pas avoir partagé ce traumatisme à mes parents. Je pense que mon père devrait sourire tout en trouvant quelques bons mots d'humour dans la foulée, en revanche, ma mère risque de tomber de sa chaise a posteriori ! Alors, petit message personnel : *« bon courage pour la lecture maman ! »*

Cette prise de conscience de pouvoir disparaître d'une minute à l'autre rend chaque instant de notre vie plus précieux. Se préparer et se préserver face aux risques, mais ne plus jamais se mettre en tel danger ! Paradoxe de la vie, le lieu que nous retenons avec Antoine pour tous nos tests de développement et de tentatives se trouve à La Palme, à quelques kilomètres de Port Fitou. Plus surprenant, nous nous retrouvons très souvent au Wesh Center, créé par Julien Taboulet, le fameux blondinet de quatorze ans ! À vol d'oiseau, son centre de voile est situé à 500 m de cet endroit qui m'a tant marqué.

Pour moi qui aimais rester seul avec mon petit monde intérieur, certains défis étaient un Everest ! Voici quelques illustrations qui vous parlent peut-être comme aller à l'école et entrer dans cette cour remplie d'enfants. Ou bien aller au judo retrouver un groupe dans lequel je dois me confronter et trouver ma place. Pire encore : partir en week-end avec la troupe de scouts du village voisin de Château-Gombert. Chaque fois, je finis par me rassurer, comme la plupart des autres enfants. Cependant, d'après ce que mes amis d'enfance me disent, mon regard est différent. Si je prends l'exemple des scouts, il vient un jour où nos très jeunes chefs Brigitte et Hervé me désignent « sizenier », et donc en charge d'un petit groupe de six enfants. La grosse promotion !

Du haut de mes douze ans, c'est une grande responsabilité. Plus grande encore vue d'aujourd'hui, où on ne laisse plus nos jeunes enfants partir seuls dans l'inconnu. Soit mes parents étaient inconscients, soit c'est l'époque qui était beaucoup moins contraignante… Je pense qu'au fond, ils avaient aussi confiance, suffisamment aveuglément pour me confier à cette troupe de scouts tellement attachante, mais quelque part un peu « foldingue ».

Je me souviens de ce camp d'été près de Digne où nous partions en mission d'une journée complète sur les chemins et routes de campagne. Nous avions une pauvre carte, une boussole approximative, quelques instructions de jeu de piste et un point de rendez-vous le soir venu. J'ai encore en mémoire la tête de mes compagnons de fortune qui me regardent fixement quand nous découvrons que nous sommes très sincèrement perdus. Instants gravés à jamais, comme l'histoire du Petit Poucet. Je ne sais pas plus qu'eux, qui sont souvent plus jeunes, mais j'ai le sentiment que mon rôle est de les tranquilliser et de maintenir notre petit groupe uni. Ne pas faire perdre confiance à l'un ou l'autre, moi le premier, parce que je n'en mène pas large non plus !

Ces mêmes expressions de visages, j'ai pu les revoir avec d'autres compagnons d'aventure, par exemple sur des tentatives avortées de records du monde dans des conditions extrêmes. Vous êtes en charge, un référant pour les autres, et grâce à la confiance qui s'est construite et qu'ils vous accordent, les yeux se tournent naturellement vers vous avec attente et bienveillance. Et c'est à vous de faire le pas de recul nécessaire pour prendre la meilleure décision, celle qui fera sens pour tout le monde. Pas simple. Ce soir-là, nous rentrons tard au camp, mais tout le monde va bien.

Enfant, cette saleté de sensibilité intérieure que j'ai en moi est difficile à contrôler, elle me submerge. Cela m'arrive assez souvent de fondre discrètement en larmes, caché sous mon duvet avec le dernier courrier des parents. Mais je peux sentir des petites choses. Parfois, cela m'aide beaucoup pour m'en sortir.

Répondant à son tour, mon fils Mathys me partage quelques souvenirs d'émotions débordantes, comme une histoire qui se répète d'une génération à l'autre et des maladresses qui peuvent marquer un gosse pour longtemps :

« Le judo, le sport de mon enfance… Et aussi celui de mon Papa parce que le fruit ne tombe pas loin de l'arbre finalement. J'aurais réussi à atteindre la ceinture noire pendant mon parcours de judoka si je n'avais pas eu des problèmes de contrôle de mes émotions quand j'étais petit. Cette ceinture requiert deux choses. Tout d'abord, les katas. Ils s'apparentent à une chorégraphie composée de prises précises de défense, exécutées de manière spécifique. Cette première étape est simple : apprendre par cœur cette séquence de mouvements et les reproduire devant un jury. Le problème c'est le deuxième prérequis, la compétition… C'est ici que mon aventure émotionnelle aux côtés de mon papa commence. J'ai donc eu l'occasion de participer à des compétitions au cours de mes nombreuses années de pratique. Un bon entraînement pour finalement obtenir les points nécessaires pour valider la ceinture noire. Mais c'était sans compter sur ma grande émotivité qui m'a mis des bâtons dans les roues.

Je suis donc allé à plusieurs reprises à ces compétitions, mon papa et moi, pour passer un bon moment et pratiquer mon sport face à de nouveaux adversaires. Il m'a toujours soutenu à fond pour que je réussisse au mieux dans cet exercice difficile. Cependant, systématiquement en arrivant devant le gymnase, impossible de contrôler mes larmes et mon stress et je n'ai plus envie d'y aller. Je suis tétanisé par la peur… C'est là qu'il entre en jeu. Fort de son expérience de personne émotive qui a su apprendre à trouver des moyens de les apprivoiser, il m'a chaque fois parlé longuement pour m'aider et m'enseigner son savoir plus ou moins efficace. La plupart du temps, c'était impossible de me calmer et on repartait à la maison bredouille et avec un sermon en bonus parce que l'essence était déjà chère. Mais il est arrivé que certaines techniques fonctionnent et que j'arrive à me calmer face à la montagne émotionnelle qu'était une simple compétition de judo. Ces techniques m'ont permis non seulement de réussir à monter sur le tatami, mais aussi de faire le plus souvent des podiums, puis de nombreuses choses par la suite. En effet, ces techniques sont restées gravées en moi (même celles qui ne marchaient pas trop) et m'ont permis notamment de rentrer au lycée sans connaître personne et sans finir en larmes, de passer mon bac sans paniquer, de réussir en classe préparatoire, de partir de ma ville natale loin de mes parents pour étudier, de partir en stage à l'étranger et même de sauter seul d'un avion à 4000 m d'altitude… »

Le judo est un beau sport qui allie l'effort physique, la force mentale et prône de belles valeurs. Le club familial de Plan-de-Cuques, près de Marseille, a une histoire bien particulière dans la famille. Mon père y a été professeur dans les années 70, et j'y ai fait mes premiers pas à cinq ans. Lorsque nous nous sommes installés dans le village voisin, à Allauch, en 2003, c'est tout naturellement que les garçons y sont inscrits. En les accompagnant, je suis de plus en plus frustré d'avoir raccroché mon judogi[11] vingt ans en arrière. C'était au début de mes classes préparatoires, sans avoir pu passer ma ceinture noire à cause de blessures à répétition. Mon niveau adolescent était très correct et cette ceinture aurait dû être une formalité. J'avais suivi mon père dans le tout nouveau club de Jean-Paul Coche, grand nom du judo français[12]. J'ai d'ailleurs beaucoup appris à leurs côtés, en particulier la rigueur quotidienne d'un grand champion. Jean-Paul est le premier de cette trempe que j'ai pu côtoyer.

Motivé en voyant mes garçons, j'ai à présent deux années pour relever un challenge personnel et rattraper un peu le passé : obtenir ma ceinture noire en compétition face à des jeunes, car dans quelques mois, je basculerai dans la catégorie des vétérans. Lorsque l'on pratique à nouveau un sport de combat après une telle coupure de vingt ans, et que l'on retrouve les mêmes profils de jeunes compétiteurs fougueux, c'est à la fois surprenant et grisant. Cet art martial qu'est le judo apprend à jouer avec les énergies du combat, et mon expérience de vie doit compenser l'explosivité que j'ai perdue. Aussi incroyable que cela puisse paraître, je prends cette fois un plaisir fou à remonter sur le

---

[11] Nom de la tenue d'un judoka.

[12] Jean-Paul Coche a été un des précurseurs du haut niveau en judo en France. Il a été 3e au JO de Munich 1972 et aux championnats du monde de Vienne 1975, 5 fois champion d'Europe et 11 fois champion de France.

tatami[13]. Devenir ceinture noire de judo n'a vraiment rien d'exceptionnel, mais avoir pu l'obtenir dans la difficulté me donne confiance. Les souvenirs de Mathys ressemblent à ceux de mon enfance, et je suis touché d'avoir pu l'accompagner par la main sur son chemin. Effectivement, avec l'âge, notre sensibilité peut devenir une grande force, si on se donne le temps de mieux se connaître.

Avec le recul sur ma période de scout, ou la planche à voile, je réalise l'insouciance de mes parents, et certainement un peu de stress bien caché. Mais cela ne s'est pas arrêté là… Mon père a beaucoup d'humour, alors, pour avoir la sensation de partir à l'aventure, il avait pris une carte du Pacifique et planté une aiguille au hasard. On imaginait y atterrir tous les quatre avec ma sœur comme des Robinson… Destination Tiahura, ce petit bout d'île du Pacifique, ramenée chez nous à Marseille ! Car c'est le nom qu'ils donnent à notre premier voilier : un *« Folie Douce »* produit par les chantiers Jeanneau en 1972. Il fait 9 mètres. De construction très robuste, mes parents avaient accompli un rêve de très longue date en l'achetant en 1985. J'en suis très fier. Paradoxe incroyable, mon père est régulièrement malade sur un bateau et pourtant sa passion l'emporte sur ces quelques mauvais moments à passer. *« Très bon sens du sacrifice, mon cher papa ! »* Très rapidement, ils vont me laisser naviguer seul sur Tiahura. J'ai alors tout juste 16 ans. Quand j'y pense !

Partir un week-end ou à la journée avec des amis est toujours une aventure, que je préparais soigneusement avec ma petite expérience de la mer. Il est vrai que j'ai énormément bricolé sur Tiahura. Je connaissais ses forces comme ses faiblesses, et les moindres détails. En tout cas, pour la partie technique, pour le reste, comme les repas ou les boissons… À vrai dire, je préfère consommer !

Mes sorties favorites sont de deux sortes et totalement différentes… Le basique : des ronds dans l'eau dans la baie de Marseille au soleil couchant, avec quelques pizzas. Je me souviens encore de ce

---

[13] Tapis assemblés sur lesquels se pratique le judo.

contraste entre la tension des journées d'épreuves de concours et peu après l'apaisement ressenti sur l'eau ! Le bonheur absolu !

Un autre univers est de partir depuis Marseille vers l'Est et les îles d'Hyères par temps de mistral, avec une mer bien formée. Ce jour-là, la couverture météo est relativement bonne. Le mistral, orienté Nord-Ouest, souffle, mais reste modéré autour de 25-30 nœuds. Nous partons à plusieurs amis sans objectifs particuliers, sinon de se faire porter le long des Calanques de Marseille. Notre voilier n'est pas bien grand, mais il tient bien la mer. Je connais Tiahura par cœur pour y avoir tout refait, il est très fiable et j'ai confiance. J'ai appris au travers de mes petites expériences de vie qu'il faut respecter les éléments naturels et préparer au mieux son matériel. Le temps est clair, le bateau file bon train au portant et, comme cela arrive souvent, le mistral se renforce.

La mer se lève, nous réduisons encore la voilure, et, tout en blaguant avec mes amis, je calcule déjà les options de repli. Soit faire demi-tour, mais nous avons déjà abattu une bonne distance après plusieurs heures de navigation, soit virer vers la côte pour nous abriter dans un port. Tout le monde est serein à bord. Les sensations sont bonnes et les départs au surf réguliers, puissants. Ils se gèrent bien. La grand-voile est alors réduite au maximum avec trois ris[14], et une petite voile d'avant est envoyée. Je suis particulièrement vigilant, peut-être une intuition de ce qui nous attend.

Je ne le sais pas encore, mais le Cap Sicié a une particularité : une dalle rocheuse génère un changement brutal de profondeur. Dans la zone que nous allons traverser, la mer devient encore plus forte. Un tel phénomène fait le bonheur des plus grands surfeurs sur certains spots réputés, mais en voilier de croisière, ce n'est pas vraiment ce que l'on recherche. Sur le moment, je ne comprends pas vraiment ce qu'il se passe, mais les vagues clairement se renforcent. Les départs au surf du bateau sont de plus en plus soutenus, jusqu'à cette lame que je vois se dresser derrière moi. À ce moment-là, mes camarades sont à l'intérieur.

---

[14] Prendre un ris dans une grand-voile, permet de réduire sa surface quand le vent monte.

Moi, je suis attaché en sécurité avec mon harnais et je barre depuis l'arrière du cockpit. On ne peut pas s'échapper de cette vague qui arrive sur nous. Je n'ai pas d'autre option que de garder impérativement Tiahura dans l'axe. S'il part légèrement de côté, je ne pourrai pas le rattraper. Mon gouvernail n'est pas très efficace. Si je perds le contrôle, on peut littéralement se faire rouler dans la vague. Il n'y a qu'une option, rester aligné, subir sa puissance, et attendre qu'elle passe. On y est… Le bateau est bien positionné, j'arrive à le tenir dans l'axe, il prend le surf. Mais cette vague est tellement raide que Tiahura se met à partir dedans, en prenant de plus en plus de vitesse. Je suis presque couché sur le dos, appuyé sur l'arrière du cockpit. Nous plongeons interminablement vers le fond de cette vague. Dans mon champ de vision, je ne vois que du bleu, l'eau. Impressionnant. Dans cette position, je sens le bateau qui déboule en survitesse comme jamais, tout vibre, l'aiguille du vieux speedomètre vient se bloquer en butée… Nous filons à plus de 12 nœuds, c'est n'importe quoi ! Et il ne faut surtout pas sortir de cette trajectoire. La pression est à son comble, mais, bizarrement, mon esprit est particulièrement clair. Ai-je seulement le choix ?! Sur l'instant, l'action est comme au ralenti. Ces sensations sont nouvelles. Une forme de « flow » intérieur, en osmose avec les éléments. Je ne sais pas ce que c'est qui me permet de prendre la bonne décision au bon moment. Après quelques secondes de folie, cette vague finit par passer. Tiahura est resté droit, comme posé sur son dos immense. Je me retourne. Il n'y en a pas d'autre derrière, incompréhensible. Je reprends ma respiration et mes esprits pendant qu'elle poursuit sa route infernale.

Je vois tout de suite les têtes ressortir de la cabine avec toutes les interrogations du monde. Le moment est grave, mais calme. Au fond de moi, je suis sous le choc de cette cavalcade venue de nulle part. Cette vague, isolée… Mais c'est quoi ce délire ?! Je n'ai qu'une idée en tête, surtout ne pas avoir à renouveler l'expérience sur notre coquille de noix. On reste sans voix, puis on valide ensemble sans attendre la suite des évènements. Il faut s'échapper le plus rapidement possible de cette zone. Nous changeons immédiatement d'allure pour repartir vers la baie de La Ciotat et nous protéger. Mon cher bateau a fait son travail, il a été courageux, il a répondu présent, mais nous devons le préserver comme nous tous et retrouver le calme. Une nouvelle leçon de vie s'est écrite, il fallait vraiment être prêt techniquement et mentalement pour trouver un passage dans ce chaos.

Tiens, ma petite Jeanne chérie m'écrit à son tour…

«Quand papa m'a demandé de raconter une petite anecdote, j'ai immédiatement pensé à cette randonnée qui restera gravée dans ma mémoire pour toujours. Pourquoi ça ? Tout simplement parce que c'était une expérience assez effrayante (tout va bien aujourd'hui, je vous rassure).

Mais, comme dirait maman, "ça fait une histoire à raconter".

Cette philosophie de vie, qui est aujourd'hui devenue la mienne, ne pourrait être mieux représentée que par cette aventure. Bien que toutes les randonnées que nous faisions tous les six quand nous étions petits duraient entre huit et dix heures, celle-ci était supposée être plus courte, néanmoins l'envie d'aventure de papa l'a rallongée et nous avons retrouvé cette norme. Pour mettre un peu de contexte, je devais avoir près des six ans à ce moment-là. Il avait plu en début de journée et la fin de la montée était honnêtement plus de l'escalade que de la marche. Une fois arrivés en haut, on profite tout contents (il n'y avait évidemment pas grand monde, en même temps, qui chercherait délibérément la complexité à part quelques exceptions comme nous).

Après une pause, on se lève en direction de là où nous sommes arrivés pour redescendre (enfin désescalader pour l'instant) comme il était prévu. Quand soudain on entend "non, mais on ne va quand même pas repasser par le même côté, on va redescendre par le côté Nord, je suis sûr que ça passe". Et quand papa dit "c'est sûr que ça passe", croyez-moi c'est que ça ne passe pas. Et je ne sais pour quelle raison, on l'écoute. Quelle erreur ! Laissez-moi vous faire une idée de ce que c'était : la pente était proche des 45°, le sol constitué uniquement de pierres ardoises qui se détachent au moindre pas posé, ces pierres glissantes de la pluie plus tôt dans la journée nous faisaient glisser.

La solution de papa : s'encorder. Oui, oui… Nous attacher ensemble avec une corde était bien plus logique que de repartir d'où nous étions arrivés (ce n'est bien sûr pas la seule fois que la corde nous a sauvé la vie). Bien sûr, étant la plus petite et la plus légère, c'est moi qui étais au premier front, tenue fermement par le bras, pour, je cite, "au cas où tu tombes que je puisse te rattraper".

Autant vous dire que j'ai cru mourir à chaque pas que j'ai posé au sol, et que j'ai glissé plus d'une fois. Le soulagement quand on est arrivés en bas, vous ne pouvez même pas vous imaginer ! Et pourtant, ça restera pour moi une des plus belles journées que j'ai en tête de mon enfance…

Alors, effectivement, ça fait une histoire à raconter. Mais surtout, ça m'a montré que tous ensemble, malgré toutes les erreurs et glissades de chacun, nous sommes là les uns pour les autres. Ils resteront pour toujours des piliers pour moi quoiqu'il arrive, tout en m'aidant à avancer en me donnant le sourire comme ils l'ont fait ce jour-là. L'amour est la plus grande force qu'on puisse avoir. »

Quel souvenir effectivement ma choupette ! Notre corde avait été bien utile ce jour-là !

Tout part de notre enfance, de notre capacité à observer les « grands »… puis devenus grands à notre tour, notre vie reste un éternel recommencement. Tous ces moments de vie intenses font partie de nos repères. En m'y replongeant avec une profonde respiration, je retrouve ce lien de cœur à cœur avec mes proches ou les personnes qui m'entourent. Aujourd'hui, lorsque j'interviens sur scène pour donner une conférence, j'ai mon rituel tout particulier, un moment naturellement suspendu. D'abord debout sur scène, en silence, de longs échanges de regards permettent de faire connaissance… Puis je m'assieds, toujours en silence, porté par mes rêves d'enfant, les yeux dans les yeux des uns et des autres. Le calme s'impose avec douceur. L'atmosphère de la salle change et les voix d'Aldrin et Amstrong venues d'ailleurs résonnent. Nos émotions peuvent alors prendre place, et nous remplir, sans attentes.

« On ne voit bien qu'avec le cœur. L'essentiel est invisible pour les yeux », nous transmet Antoine de Saint-Exupéry à travers *« Le Petit Prince ».*

4 – Du Purgatoire à la Délivrance

Que ce soit pour Antoine ou Pierre plus jeunes, et à présent Alani et Adriel, la vie à l'école du village de La Couarde sur l'Île de Ré est assez douce. Bien loin des tensions des grandes villes, la nature sauvage et l'océan sont justes au coin de la rue, et imposent à tous le rythme des éléments. Cela me rappelle la douceur de mon école primaire de Plan-de-Cuques, bercée par les senteurs descendant des collines de Pagnol. À la récréation, les parties de billes avec mes petits camarades étaient endiablées. C'était les vases communicants entre nos trousses, et à celui qui en accumulait le plus, au détriment des réserves des autres. Je ne garde que de chaleureux souvenirs de cette période. Notre établissement est sorti de l'anonymat, non pas grâce à nos jeux de billes, mais grâce à un camarade de classe. Un peu comme moi, Philippe Fragione[15] jouait à l'enfant modèle. Et contre toute attente, il deviendra précurseur et icône du rap français. La vie n'étant pas vraiment un long fleuve tranquille, la suite de ma scolarité bascule dans une tout autre ambiance…

Avant de rejoindre le lycée Thiers de Marseille, lycée public qui ouvre directement sur les classes préparatoires aux Grandes Écoles d'ingénieur, je passe mes quatre années de collège dans les quartiers Nord de Marseille, où mon oncle enseigne le français. Étant très proches familialement, et vivant dans le même lotissement, la logistique est parfaite pour le covoiturage avec mes cousins Jean-Pierre et Nicolas, et ma petite sœur, Karine. Un bémol, tout de même : le collège se trouve au cœur du quartier de Frais-Vallon, et l'éclectisme cosmopolite des élèves est remarquable, si l'on peut dire. Les classes sont organisées par niveau pour garder un enseignement le plus homogène possible,

---

[15] Nom de scène Akhénaton, célèbre rappeur français, précurseur en France de ce mouvement avec son fameux groupe « I AM ».

mais dans la cour, c'est un peu la loi de la jungle… Ma force, à part le judo, devient le poids des mots. Alors j'apprends rapidement le langage de la rue, pour me défendre, je deviens un vrai snipper ! Puis, comme si de rien n'était, je reprends les codes de l'enfant modèle quand je rejoins mon cocon familial. Quelques dérapages incontrôlés à la maison m'ont valu tout de même une ou deux bonnes corrections. Mais j'ai surtout appris sur les autres, les différences sociales, les injustices aussi de notre société. J'arrive tant bien que mal à me protéger de cette violence qui s'impose à tous, mais elle me rend profondément triste.

Nous sommes seulement deux élèves de notre collège à rejoindre le respectable Lycée Thiers. C'est un honneur, mais surtout un mégastress pour moi qui me retrouve ainsi catapulté en pleine ville depuis notre lotissement bien calme. Comme tout le monde, je me fais des amis fabuleux avec qui je suis encore très lié aujourd'hui, et je trace mon chemin. Nos parents, avec qui nous formions la famille parfaite, se séparent lorsque je suis en Terminale. Je le vis très mal, mais, contrairement à ma petite sœur qui le subit en frontal, j'ai deux échappatoires que sont ma petite amie chez qui je peux aller souvent, et les études. Et comme nous sommes dans la même classe avec les mêmes objectifs, l'ambiance est plutôt boulot boulot ! Le bac en poche, j'accède aux classes préparatoires. La première année se passe très bien et je ne vois pas venir l'enfer de cette année scolaire 1988-1989 dite de « Math Spé M' » (M** aujourd'hui), l'année des concours.

Le binôme de professeurs de mathématiques et de physique dont nous héritons peut s'apparenter à un réacteur nucléaire non contrôlé. Les élèves brillantissimes et surtout très méthodiques, comme mon amie, s'en sortent admirablement, les autres plongent irrémédiablement. Effet ciseaux et guerre des ego. C'est à celui qui fera travailler le plus la classe sur sa matière. Et donc au détriment de toutes les autres matières. La pression psychologique est terrible. Trente ans après, ce binôme de professeurs de mathématiques et de physique fait encore débat au Lycée Thiers. Aucun jugement de ma part, ils ont alors certainement leurs convictions et leurs « bonnes raisons » d'agir ainsi. Par contre, les conséquences sont catastrophiques pour certains élèves dont je fais partie. Je deviens malgré moi un cas d'étude psychologique de premier choix : *« Monsieur Amerigo, vous gâchez tout votre potentiel par votre manque de travail. Reprenez-vous s'il vous plaît ! »* Il est vrai que j'avais tendance à exceller quand il fallait résoudre un exercice improvisé au tableau, par contre, « recracher » mot pour mot un cours, ce n'était pas vraiment ma tasse de thé !

Pour essayer de bien faire et de rentrer dans le moule, je ne pratique plus de sport. Chaque heure devient sacrée. Je perds ma bonne humeur, et je n'ai plus qu'une obsession, que le cauchemar cesse. Un seul repère me permet de conserver mes efforts : la date finale de « l'expérience » est fixe et immuable. Au plus tard, en juillet 1990, les jeux seront faits, et je serai soit dans une bonne école d'ingénieur, soit en université. En tout cas, je serai forcément « AILLEURS ! »

Le temps passe et effectivement, je redouble une fois ma deuxième année comme c'est autorisé. L'ambiance s'apaise grâce à une équipe enseignante remaniée. J'ai appris sur moi, et cette fois, je gère mon temps à ma façon : du travail intense bien sûr, mais un énorme bol d'oxygène est programmé tous les samedis après-midi. Ces matins-là, en classe de maths avec mon ami Renaud, nous scrutons les feuilles des arbres pour planifier ou pas notre session de planche à voile. Cela fait toute la différence psychologiquement. Un an plus tard, je retrouve mon niveau en sport comme en sciences, et surtout c'est la délivrance d'être accepté dans une Grande École !

Arriver physiquement à l'École Centrale de Lyon, c'est l'excitation d'un nouveau chapitre de ma vie. Tout est ouvert, les initiatives sont encouragées par les nombreuses associations d'élèves. Le contrat moral est assez simple, tout est possible à condition d'assurer scolairement. Alors c'est un festival de ski, snowboard, rugby, voile, volley, soirées, liberté… Entrecoupés de cours et d'examens. Le bonheur absolu. Le taux de jeunes filles ne dépasse pas 20 %, mais j'y rencontre ma très chère Florence, qui deviendra mon épouse et la maman de nos quatre enfants. Florence est un peu l'égérie de l'école, splendide et rayonnante, mais discrète et inaccessible. Ses cheveux blonds descendent à sa taille, elle est sportive et très secrète. Je suis follement amoureux. Je retrouve, avec elle, cette insouciance et ce bonheur de vivre, que j'avais perdus. Quelle rencontre !

Ces trois années d'école sont intenses. J'ai la chance de prendre quelques responsabilités associatives, comme le Club Voile ou cet incroyable *« Plan des Arcs »* que l'on me confie dès ma 1re année. C'est plutôt « THE MÉGA PLAN ! ». Chaque week-end en saison de ski, notre groupe d'étudiants doit accueillir les vacanciers dans la station des Arcs en Savoie. La liste change tout le temps, mais, une fois les heureux élus sélectionnés, nous sommes transportés par autocar depuis Lyon jusqu'à la station et logés sur place. En échange, nous pouvons skier gratuitement le dimanche… mais aussi et surtout trois semaines par an ! « Méga » plan ! C'est quand même un peu de travail pour coordonner tout ce beau monde qui ne pense qu'à s'amuser, mais quelle chance ! Nous devenons des experts du talkie-walkie et les records du nombre de jours de ski sur les pistes tombent !

J'ai effectivement reçu de bonnes bases scientifiques à l'école, heureusement quand même, mais j'ai aussi appris à dépasser d'autres types de limites, collectives, imprévisibles, inattendues. On a même parfois dépassé les bornes ! Je crois que c'est l'expression consacrée ! Un jour, deux, trois bons copains étudiants décident de faire une mauvaise blague. Sans prévenir leurs « victimes », qui sont d'ailleurs leurs meilleurs potes, ils dégondent les portes de leurs chambres, partent en courant avec dans le couloir, les descendent par l'escalier du 6e étage jusqu'au niveau 0. Juste pour le fun. Évidemment, les victimes en question font la même chose avec les premières portes qu'ils croisent. Au bout de quelques minutes, il y a 10 étudiants qui courent de partout avec des portes dans l'escalier… Au bout d'une heure, c'est une bonne centaine de ces portes qui sont entassées aux pieds de la résidence, dispersées sur le terrain de rugby… Bien sûr que tout mon étage du X6 est de la partie dès les premières minutes avec les Manu, Numa, Philou, Stef, Time, Torchy ou encore Carpet, premières victimes collatérales du T6 en face et de l'étage inférieur… Mes potes du rugby du U6 sont bien entendu arrivés sans tarder, c'est une question d'honneur : Beaujo, Djeje, Captain Manu, Bubu, Gros Blard et bien d'autres… De vrais pros du dégondage efficace… Florence participe aussi gaiement… jamais la dernière dans ces aventures rocambolesques !

Voilà donc que toutes ces portes se retrouvent en bas des bâtiments. Et ce qui est extraordinaire chez l'être humain, c'est la créativité qui s'invite ! Celle que l'on ne peut pas prévoir… Qu'est-ce qu'on va faire avec toutes ces portes en bas, on ne va quand même pas les remonter tout de suite… Commence à se faire un petit dessin, une forme d'œuvre d'art moderne… je vous passe la description de cet engin de 50-60m de long étiré en pointillés sur le terrain de rugby ! Les plus romantiques ont certainement vu un avion traverser un nuage… Mais le romantisme, ce n'était pas toujours notre point fort ! Ça a duré un certain temps, et on a passé une belle soirée avant de se faire passer un énorme savon par les responsables de l'école.

Plaisir de courte durée… Pour ceux à qui l'idée ferait son chemin, nous découvrons un petit souci technique imprévu. Quand on est ingénieur, on oublie des choses. Quand on est élève ingénieur, on oublie aussi forcément des choses, en l'occurrence le repérage des portes. *« Quoi va où ? »* Un désastre ! Nous mettons 2-3 jours sous l'œil attentif du responsable des installations de l'école, à remonter ces portes plus ou moins dans la bonne chambre. Ce qui est sûr, c'est que certaines portes n'ont jamais été remontées dans leur chambre d'origine, il a même fallu refixer pas mal de gonds. Voilà pour la petite histoire, et l'illustration de cette forme d'énergie humaine naturellement contagieuse. Collectivement, on peut faire des choses absolument incroyables, même inattendues. Par contre, on peut l'utiliser à bon escient, orienter cette énergie, en faire quelque chose de constructif pour aller peut-être bien plus loin qu'un bon délire d'étudiants.

Les conférences sont toujours pour moi une source d'inspiration et de partage, comme ce jour de septembre 2023 pour Orange Innovation avec leurs meilleurs inventeurs réunis pour l'occasion par leur Direction. Le titre de l'intervention : *« Et si nous pouvions concilier… Mindset Innovant & Force Collective pour dépasser toutes les limites »*. Un vrai cadeau vient juste après pendant la visite privée du musée du CNAM (Conservatoire national des arts et métiers). Je lève les yeux vers le plafond du grand hall et je découvre le fameux avion *« BLERIOT XI »* suspendu, tout au sommet : DINGUE !!! Ce fut le 11e prototype de Louis Blériot, illustre inventeur, ingénieur centralien et pilote, et, en 1909, ce fut surtout le premier « aéroplane » à traverser la Manche.

Pour atteindre le Graal de ce moment historique et disrupteur de 37 minutes, Blériot a su être infiniment patient. Il n'a surtout rien lâché dans sa quête d'un vol stable dans l'air malgré les multiples crashes à bord des dix versions précédentes. Ces épisodes lui avaient valu le surnom dans les journaux de l'*« homme qui tombe toujours »*. De nombreux brevets ont été déposés au fil de son exploration. Mais n'ayant plus d'économies, ce 11e aéronef était son dernier prototype… Impressionnant ! De son côté, Paul Larsen a mis onze ans avant de battre le record absolu de vitesse à la voile avec 121 km/h, il n'a jamais rien lâché non plus. Ce sont de beaux exemples de ténacité ! Alors forcément, cela résonne avec ce qui m'anime depuis trente ans, que ce soit étudiant à Centrale ou dans Zephir Project à présent.

Revenons à l'École Centrale de Lyon. Avec mon « pote » Numa (Emmanuel dans sa vie pro, sinon Tonf pour les intimes !), nous ne sommes pas d'un bien grand niveau dans la pratique des sports de glisse. Mais une chose est sûre, nous sommes des passionnés, en particulier en ce qui concerne la planche à voile, le « windsurf ». À l'école, nous avons tout loisir pour créer nos propres projets, même s'ils sortent du cadre des programmes. Ils sont soutenus à partir du moment où ils ont du sens pour des élèves ingénieurs. Notre idée est déjà de partir à la poursuite du record du monde de vitesse à la voile. Et pourquoi pas ? Après tout, nous serons bientôt « ingénieurs ». Le record absolu est alors détenu depuis 1991 par un Breton, un homme ultra-puissant du nom de Thierry Bielak. Thierry a atteint 44,66 nœuds, soit environ 82 km/h sur la base des Saintes-Maries-de-la-Mer sur la côte méditerranéenne en Camargue. C'est une réserve naturelle abritant une faune d'une beauté exceptionnelle. L'extrême y côtoie la pureté des lieux. La caractéristique de ce chenal de vitesse est d'être un canal semi-artificiel aménagé dans le sol avec seulement 25 mètres de large sur un kilomètre de long. Ce canal a une orientation très particulière par rapport aux deux vents dominants et violents dans l'embouchure du fleuve du Rhône que sont le Mistral orienté Nord-Ouest, et le Marin, parfaitement opposé venant du Sud-Est. La nature fait bien les choses, rendant cet endroit unique ! L'eau étant presque à fleur de la terre, le vent balaye à merveille le canal, et la surface reste parfaitement plane, même par conditions extrêmes.

Le principe est simple : pour établir un record, il faut parcourir la distance de 500 m entre deux cellules et c'est seulement la vitesse moyenne qui est retenue, validée par un huissier. Thierry a donc parcouru ces 500 m à une vitesse moyenne de 44,66 nœuds sur sa planche à voile. Nous créons avec Emmanuel une association du nom de Voiletec, *« Objectif 50 nœuds »*. Nous évoquons au départ cette idée entre nous, puis rapidement cela devient un véritable projet scientifique. Deux compères de Centrale nous rejoignent, Étienne et Samuel, et nous lançons l'aventure qui va couvrir les deux dernières années de notre parcours d'école d'ingénieur.

Bonne nouvelle, nous obtenons une aide financière de 20 000 francs (correspondant à environ 3000 € aujourd'hui) pour nous aider sur les travaux de recherche. Nous nous rapprochons aussi de fabricants de matériel et des meilleurs coureurs, dont évidemment le champion incontesté de l'époque, Thierry Bielak. C'est à ce moment-là qu'Olivier Ponrouch, dit « Ponpon », rejoint également l'aventure. Olivier est un coureur français de très bon niveau en slalom et en vitesse, excellent metteur au point avec la marque de voiles ITV, il est également proche de Thierry.

À 22 ans, nous sommes ravis d'entrer avec légitimité dans le petit monde de l'extrême où nous suscitons surprise et intérêt. Nous logeons sur le site de l'école et notre fameux étage X6 devient l'étage des planchistes, snowboardeurs et autres « aventuriers » de la montagne. Les bâtiments sont carrés, et les chambres sont réparties autour des sanitaires centraux qui offrent de longs couloirs de murs vierges… C'est absolument parfait pour dessiner à même ces murs les plans de la voile du futur à échelle réelle, environ 5 m sur 2. A priori, ces plans seraient encore sous les nouvelles peintures ! Nous y positionnons les sections aérodynamiques bien spécifiques aux différentes hauteurs de la voile. Nous devons trouver une solution pour créer une aile épaisse semi-rigide en 3D qui a la caractéristique d'être légère, facile à transporter et à mettre en œuvre. Elle doit surtout avoir la capacité de se vriller en fonction de la force du vent et de la vitesse de déplacement. En s'adaptant parfaitement aux conditions, la puissance dégagée serait homogène durant toute la navigation. Une telle aile n'existant pas, il faut l'inventer avec le peu de moyens disponibles.

Les premiers prototypes sont encourageants, mais guère concluants. Les profils rigides, qui sont articulés autour du mât, créent une forme trop irrégulière. Avant de lancer la conception et la fabrication des suivants, nous devons faire des essais en soufflerie… Disons des essais un peu particuliers, puisqu'il n'y a aucune installation accessible pour nous accueillir avec une voile de quatre mètres de haut, et surtout gracieusement ! Il a donc fallu trouver une alternative. Si, dans une soufflerie, l'objectif est de créer un flux d'air régulier pour pouvoir mesurer les efforts sur une maquette, nous devons imaginer une façon de faire la même chose en extérieur. Notre solution est plutôt originale avec un véhicule qui roule sur une plage par temps calme… Les experts diront qu'elle n'est pas parfaitement reproductive du gradient de vent à la surface de l'eau (variation de vitesse avec l'altitude), mais elle a le mérite déjà d'exister. Nous avons une voiture, la Renault14 de mes grands-parents, et nous connaissons le lieu parfait près des Saintes-Marie-de-la-Mer. Il est enfin temps d'observer ce qui se passe autour d'une voile ! Nous fixons la planche sur la galerie du toit avec un angle d'environ 30 degrés, il ne reste plus qu'au « windsurfer Superman » d'y monter avec la voile.

Sachant que le plus petit gabarit capable de maîtriser la situation est Emmanuel, nous votons à une large majorité de 3 contre 1 (facile !) pour que ce soit lui le casse-cou qui va se retrouver là-haut à 50 km/h.

Approche scientifique d'apprentis ingénieurs oblige, nous mettons quand même en place tout un protocole. Numa se tient donc debout en équilibre sur la galerie, le gréement à la verticale. Il y a une phase de lent démarrage, puis une accélération régulière, et j'ai la responsabilité de conduire avec le pied particulièrement léger sur le frein, sinon notre pilote d'essai finit sous les roues… Samuel et Étienne sont avec moi dans la voiture. L'un prend des notes pendant que le second est assis sur la portière à faire des photos, et à assurer la bonne communication avec Numa.

Comme les pros, nous avons couvert la voile de vitesse de fils de laine pour pouvoir observer les écoulements. Nous sommes en 1992 et n'avons trouvé aucune bibliographie sur le sujet. Les notions sont beaucoup plus précises pour des bateaux, mais la forme d'une voile de planche est très particulière parce que structurée avec des lattes qui recouvrent toute sa largeur. Après avoir mis en place les bons protocoles et avoir trouvé une méthode la moins risquée possible, nous découvrons des phénomènes intéressants. L'écoulement de l'air sur l'intrados (face intérieure sur laquelle appuie le vent) et l'extrados (face extérieure) d'une voile de vitesse ou de slalom est en partie ascendant et pas simplement horizontal. Nous savons également qu'à cause du gradient de vent, la voile doit vriller plus ou moins en fonction de la vitesse. Nous avons en parallèle pu faire de nombreuses observations en suivant les coureurs en voiture le long du canal… À 70-80 km/h sur la piste de sable bosselée qui longe le chenal, coffre arrière ouvert, cette fois, c'est moi qui m'y colle, caméra au poing. Faire les images pour analyser les profils est presque aussi extrême que d'être sur l'eau ! Le conducteur s'en donne à cœur joie ! Notre prototype du futur va devoir répondre le plus finement possible à cette sollicitation variable du vent. Pour résumer, les apprentis ingénieurs s'amusent bien.

La dernière phase de recherche nous amène à une solution extrêmement épurée. Il n'y a plus aucun profil rigide conservé à l'intérieur. Nous travaillons pour cela avec ITV et son maître-voilier, Philippe Massat. Philippe conçoit toutes les voiles de vitesse de Thierry Bielak et a plusieurs records du monde à son actif. Il va mettre à notre disposition son savoir-faire dans le cadre de notre partenariat avec ITV. J'imagine jumeler autour d'un seul mât, deux voiles de vitesse. Au montage, nous déployons l'aile composée des deux voiles au sol, nous positionnons le mât au centre comme une colonne vertébrale. Sa mise en tension contraint les deux voiles à se refermer l'une contre l'autre, comme deux ailes de papillon. C'est une belle surprise, et très joli à voir. Ce qui est intéressant dans cette invention, c'est que nous nous inspirons de savoir-faire existants, en les détournant de leur fin première. Nous combinons plusieurs caractéristiques mécaniques pour constituer de façon non évidente un nouvel objet technique. Cet objet est fascinant, presque magique. Ces deux simples voiles distinctes, solidarisées entre elles, permettent de créer le profil presque parfait. Elles sont reliées tout le long du mât, mais sont totalement libres du côté du bord de fuite, à l'arrière des voiles. Lorsque le gréement vrille sous la force du vent, les deux voiles glissent l'une contre l'autre, permettant de conserver le profil d'une aile épaisse en 3D, en parfaite harmonie avec le vent qu'elle subit. C'est ce même concept qui est utilisé trente ans plus tard sur les Coupes de l'America AC36 et AC37 de 2024, permettant les performances exceptionnelles de ces bateaux volants.

L'histoire est vraiment surprenante lorsqu'on la retrace plus de 25 ans après. Gérard Taboulet est un des coureurs avec qui nous travaillons dans ces années 90. Gérard a un très bon niveau en vitesse, mais est un peu moins rapide que les tous meilleurs. C'est un guerrier sur l'eau. Il n'a envie que d'une chose, se rapprocher du record du monde et pourquoi ne pas le battre. Lorsque ce deuxième prototype sort, nous sommes prêts pour les premiers essais. Je me souviendrai toujours de ce premier jour de vent où nous voyons débarquer une petite tête blonde, son fils Julien. Gérard est affairé sur son propre matériel, qui reste sa priorité, sponsors obligent, pour être prêts au moment du coup de vent annoncé. Pendant ce temps, le jeune Julien, 14 ans, s'amuse avec notre prototype. Et c'est ce petit bonhomme qui nous fera les premiers retours les plus pertinents. Il est jeune, fougueux, très bon dans ses ressentis et son débriefing sera très marquant. Il sera effectivement le premier à nous dire que la voile est performante, ultrastable, et que c'est un vrai plaisir de naviguer tout en allant vite. Exactement tout ce que nous attendions de nos études. Le clin d'œil du temps vient du fait que c'est bien de ce Julien-là dont nous avons parlé plus tôt, « Wesh » ! Julien Taboulet deviendra quelques années plus tard l'un des tout meilleurs windsurfers de la planète. Son domaine, ce sont les grosses vagues du monde entier où il excelle avec son gabarit plutôt léger. Il laisse entre eux les mastodontes de la vitesse que sont les Thierry Bielak, Finyan Mayniard ou encore un certain Antoine Albeau.

Plusieurs coureurs professionnels essaient finalement cette aile révolutionnaire et nous aurons des articles dans les journaux spécialisés. Nous avons même les honneurs d'un sujet complet dans la fameuse émission « C'est pas sorcier ! » sur M6. Nous déposons un brevet au nom de Voiletec avec nos maigres économies, car nous pensons qu'il y a un marché potentiel. Les retours de l'époque sont assez unanimes sur sa facilité d'utilisation, sur son efficacité en navigation et le plaisir qu'elle procure en slalom comme en vitesse. Un champion français du moment passe même un looping avec !

Malheureusement pour la suite de ce projet, nous quittons tous l'école en 93, pour être envoyés aux quatre coins du monde. Le prototype continue à être utilisé, mais nous voguons les uns et les autres vers d'autres horizons. Pendant des années me trotte dans la tête l'idée de faire quelque chose de cette solution technique. Pour une raison toute simple : la stabilité en navigation de l'aile est tellement accrue, comme pour un deltaplane ou, bien sûr, un avion, que la technologie des foils sur les planches à voile permet de se projeter dans un nouveau futur de la vitesse.

Au contact de notre projet, Olivier découvre les technologies composites que nous explorons et le potentiel de fabrication d'ailerons très performants. Ça le fascine. Et il devient bientôt le premier dans les années 90 à dessiner et produire des modèles asymétriques pour les futurs records de vitesse… Trente ans plus tard, l'histoire est bien loin d'être terminée pour ce projet alors bien rangé dans un carton… Mais ça, personne ne pouvait l'imaginer en 1993 !

Nous cherchons la voie de l'évolution, fascinés par la nature, l'eau, le vent, les oiseaux et les mammifères marins. Mais encore une fois, la nature nous observe, impassible, du haut de ses centaines de millions d'années d'évolution. Au milieu de cette course technologique et de tous ces fils d'Icare, la nature serait-elle le miroir de notre imperfection ?

« L'aigle, si beau, si puissant et si présent dans l'instant !

Cet oiseau d'exception se joue de l'air, au point d'en faire une extension de son propre corps.

Une perfection.

Il nous fixe de toute sa grandeur.

Nous, pauvres humains, empêtrés dans toute cette technologie du futile, qui reste parfois bien utile.

Comme un retour à nos sources, j'aime à rêver que notre intelligence collective s'active, avec l'image de cet être de lumière en tête.

Un vrai repère existentiel, fait de simplicité, de frugalité malgré la complexité des éléments… qui respecte les fondements de la vie sans la réduire à néant.

Je nous vois face à tous ces petits objets technologiques que nous "consommons" avidement et qui envahissent notre quotidien.

Si peu contribuent à demain. Le chantier devant nous paraît démesuré pour préserver les futures générations.

Merci pour ton cadeau, bel oiseau ! »

Les oiseaux m'ont toujours fasciné, et leur pâle copie que sont les engins volants m'a sans cesse attiré. Au point que le projet Zephir soit devenu le lien parfait entre ces deux mondes aussi proches que lointains. En 1994, je plonge de pleins pieds dans la recherche et la technologie de pointe. La nature est alors très loin des préoccupations des chercheurs du monde aéronautique.

Mes études d'ingénieur se terminent et les États-Unis d'Amérique m'intriguent. Non pas que je sois émerveillé par les Américains, mais plus curieux de comprendre leur état d'esprit de pionniers historiques. Adolescent, ils représentent pour moi l'aventure, la prise de risque à la conquête de l'inconnu, la découverte. J'ai besoin d'en savoir plus sur eux pour apprendre et m'en inspirer. Partir à Washington DC en tant que chercheur scientifique volontaire dans le cadre du service national est une belle opportunité que je ne raterais pour rien au monde. Seize mois sur place à faire de la recherche sur les hélicoptères. Au-delà du challenge technique qui me passionne, c'est parfait pour améliorer mon anglais, qui est encore très scolaire et pour mieux sentir cette culture américaine. La mission que je décroche se déroule au Rotorcraft Center à l'université du Maryland.

Le soir même de mon arrivée sur place m'attend une petite surprise. N'ayant rien à manger, j'entre dans une enseigne Pizza Hut, et j'essaie, oui j'essaie de commander une pizza. Le mur est couvert d'options possibles et de «subtilités» culinaires. Mais en bon marseillais, je ne connais pas encore grand-chose du vocabulaire du pizzaïolo américain. Tant bien que mal, je finis par commander en attendant de toute façon une surprise. Quelques minutes plus tard, le serveur ramène ma pizza à emporter, et je lui tends mon unique moyen de paiement, un billet de 100 $ (un peu comme si je lui présentais 500 € aujourd'hui). Il est 22 h et pas d'autres solutions possibles de mon côté, et *« qui peut le plus peut le moins »*. Le serveur regarde mon billet avec circonspection, et clairement il n'a pas le change. N'ayant pas d'alternative, je comprends qu'il doit aller en référer à son patron, et je le vois disparaître. Quelques minutes plus tard, il revient avec un sourire en coin, en me disant : *« Bienvenue aux États-Unis, monsieur, je n'ai pas la monnaie, alors nous vous offrons la pizza ! Bonne soirée ! »*. Je mets quelques secondes à comprendre, et me voilà bien arrivé au pays du «service client +++». Encore en plein décalage horaire, il est 3-4 heures du matin en France, c'est finalement une très bonne surprise.

La vie au Rotorcraft Center est rythmée par un travail particulièrement intense. Le fondateur et responsable de ce centre de recherche est une figure internationale d'origine de l'Inde. Un monsieur déterminé, brillant et un meneur d'hommes, pas de place à l'à peu près. La très grande majorité des étudiants est également indienne. Ils viennent tous d'écoles très renommées, ils sont triés sur le volet et aussi brillantissimes. Je pense à Farhan, Venkat, Ashish, Vinnie, Vasudev… tous au service 24/7 (24 h par jour, sept jours sur sept) du Maître suprême : Professor Inderjit Chopra. Ils contribuent à la pointe de la recherche dans les hélicoptères, et à des programmes de codéveloppement avec les plus grands industriels américains. Un modèle bien particulier, mais terriblement efficace.

J'y rencontre quelques Français adorables qui deviennent de supers amis, comme Luc Renouil, et quelques autres rares nationalités perdues au milieu des Indiens : Chine, Afrique du Sud, Hollande ou encore Australie. Sont également présents dans notre groupe un pilote de chasse de l'armée israélienne ou encore Keith Robinson, pilote américain et chef d'escadrille d'hélicoptères BlackHawk, la référence alors pour le transport des troupes. Discuter avec eux est passionnant. Une promotion multiculturelle, de tous horizons techniques, et d'un niveau stratosphérique. La barre est haute, et il va falloir bosser « grave » pour sortir quelque chose au milieu de ces ovnis !!!

C'est à l'occasion de nos cours de Master d'aérodynamique que je deviens ami avec deux sœurs jumelles afro-américaines, Janet et Jeanette Epps. Prononcer correctement ces deux prénoms est un cauchemar pour un Marseillais qui ne fait pas la différence entre *« Lait »* et Lééé ! « Rose » est aussi un cas d'école linguistique ! Toujours ensemble, je les adore, elles se ressemblent comme deux gouttes d'eau à mes yeux, mais leurs caractères sont bien différents. Des nuances à l'image de mes amis jumeaux Franck et Renaud, parmi mes meilleurs amis depuis la période des classes préparatoires.

Janet obtient un Ph. D. (le nom académique pour une thèse) en biochimie et biologie moléculaire en 1998 avant de suivre une carrière administrative à l'office des brevets américains (USPTO). Quant à Jeanette, avec qui nous partageons le même banc en classe, elle servira pendant 7 ans dans les services techniques de la CIA sur les matériaux. C'est la récompense suprême pour elle en 2009, lorsqu'elle est sélectionnée pour rejoindre le corps des Astronautes de la NASA. Ils sont seulement une quarantaine d'Américains en service ! Alors qu'elle est programmée sur un vol SOYOUZ mi 2018 pour rejoindre l'ISS (Station Spatiale Internationale) pour six mois, contre toute attente, elle est remplacée par sa doublure, peu de temps avant, et sans raison officielle. Elle aurait été la première femme afro-américaine à y séjourner.

Toutes les hypothèses circulent, y compris politiques, mais rien ne filtre. Cet aléa dans sa vie d'astronaute va devenir un véritable défi personnel et un exemple de résilience au service de l'égalité de tous. À partir de 2019, nous échangeons beaucoup sur l'attitude à adopter pour atteindre nos rêves quand ils semblent s'éloigner. Et son abnégation est largement récompensée avec un nouveau vol vers l'ISS planifié deux ans plus tard, dans la première capsule commerciale Starliner du constructeur américain Boeing. Mais leur programme prend un retard colossal, et, cette fois, elle est affectée sur un vol en 2024 avec SpaceX d'Elon Musk. Il lui aura fallu quinze ans d'entraînement continu et intense sur trois capsules différentes pour vivre ce moment indescriptible. Rendez-vous est pris début mars 2024 à Cape Canaveral pour le lancement de l'expédition 70-71 avec SpaceX Crew-8. J'y serai aux côtés de tes proches ! *« GO GO GO Jeanette! »*

Mes histoires de tomate avec mon grand-père sont clairement universelles et, contre toute attente, traversent les décennies. Oui, j'apprends que les astronautes mènent des expérimentations dans l'ISS pour comprendre le comportement physiologique et génétique de mes légumes préférés pendant les longs vols spatiaux. La NASA aura donc bien besoin de ma « solution » de tuteurs de tomates sur la Lune ou sur Mars pour lutter contre la gravité ! Je reste à l'affût !

Mais revenons à l'Université du Maryland en 1994, j'ai alors 24 ans. Ma présence, en tant qu'Européen envoyé par Eurocopter, devenu Airbus ensuite, est un dilemme. Une sorte de mélange entre collaboration et échange d'informations… Autrement dit, je suis le bienvenu, mais aussi particulièrement surveillé. Cette étape est pour moi un véritable révélateur de la corde sensible qu'est la propriété industrielle et intellectuelle. La frontière est ténue entre collaboration et compétition. Avant de partir de France, à ma grande surprise, j'ai dû d'ailleurs participer à une formation aux techniques d'enrôlement par les puissances étrangères. C'est surprenant d'être alerté de ce genre de pratiques. Les leviers sont effectivement nombreux et nécessaires à connaître pour éviter certains pièges. Mais ce double jeu des autorités me fait plutôt sourire. Il amène un peu de piment. Au fond de moi, je suis enthousiasmé à l'idée de m'embarquer dans ce challenge ludique.

Mes premiers jours sur place sont étonnants. Ces étudiants travaillent comme des dingues, au moins autant que dans nos meilleures classes préparatoires aux concours d'ingénieur, sauf que cela dure bien plus longtemps avec leur Ph. D. La tête sur leurs claviers, la planification des fast-foods du midi se fait même par messagerie interposée, alors que nous sommes environ une trentaine de personnes à partager les bureaux… En 1994, l'ère de la communication digitale et d'internet laisse déjà ses empreintes !

Un jour, Keith, le pilote d'hélicoptères, nous invite à venir découvrir chez lui un truc de dingue… Vu le personnage, hyper branché Tech, je suis impatient. Le voilà qui démarre sa grosse tour d'ordinateur, lance un modem qui fait des zibouibouis bizarres, puis une fenêtre s'ouvre, très… très lentement. Nous sommes tous agglutinés devant l'écran encore noir. Il nous dit *« Wait, wait for it; it's coming! »* S'affiche alors progressivement le site internet de la compagnie aérienne American Airlines. On peut y voir des images en couleur de destinations, tous leurs vols dans le monde, et même commander en ligne ! J'hallucine. Une nouvelle ère s'ouvre devant mes yeux. Nous étions en avance avec notre Minitel en France, mais là, objectivement c'est très lent, par contre c'est autre chose ! Une véritable fenêtre donne accès au monde depuis chez soi.

Chacun est un vrai expert dans son domaine, et c'est un vrai critère d'excellence à l'international que participer à ces travaux de recherche du département. Ma mission initiale est d'étudier les tourbillons générés en extrémité des pales d'hélicoptère, mais rapidement j'ai envie d'explorer une plus large dimension. En effet, quelques chercheurs sont focalisés sur des techniques pour déformer et faire vriller des pales prototypes. Comme des voiles de bateau d'ailleurs ! Certains poussent la problématique aéroacoustique lorsqu'une pale vient traverser un tourbillon généré par le rotor. D'autres dont je fais partie travaillent directement sur ces tourbillons : leur forme, leur puissance, leur trajectoire en fonction du design de l'extrémité de la pale d'hélicoptère.

Entrer dans le détail des calculs de ces vortex est passionnant, mais explorer en gardant les yeux fermés sur mon environnement n'est pas vraiment ma tasse de thé. Les autres axes de recherche attisent ma curiosité. Je ne peux m'empêcher d'observer ce que font mes semblables, de les questionner et intuitivement d'imaginer des collaborations. L'expertise centrée sur un petit sujet ferme les portes des grandes ruptures, en tout cas c'est ma conviction intime que je commence à ressentir.

Je suis parti pour une mission précise, mais après quelques semaines, je ne peux pas m'empêcher de proposer à mes responsables de changer notre angle d'approche et mes objectifs. Nous pouvons montrer la faisabilité de diminuer la nuisance sonore générée par un hélicoptère en phase de vol le plus bruyant (phase d'approche), lorsque les interactions entre les pales et leur propre sillage tourbillonnaire sont maximales. Il s'agit d'imaginer que, dans quelques années, nous pourrons faire vriller les pales avec la technologie développée au centre. En pouvant adapter en temps réel l'angle d'attaque au moment de la traversée d'un tourbillon, il est possible d'impacter la pression aérodynamique et, par conséquent l'aéroacoustique. Ce contrôle a des effets directs sur le bruit généré par l'interaction.

Montrer la faisabilité de cette limitation des émissions sonores est une première étape, avant même de savoir le réaliser techniquement. La technologie en 1994 ne permet pas encore de faire vriller une pale en grandeur nature. Par contre, en étudiant l'efficacité potentielle d'un tel contrôle, c'est un tout nouveau champ de recherche qui s'ouvre. Si les hélicoptères génèrent moins de bruit en phase d'approche de leur héliport, ils pourraient bien être enfin autorisés à voler dans des espaces qui leur sont aujourd'hui interdits, à cause de leur pollution sonore. L'enjeu est de taille et ma proposition est rapidement acceptée par le Rotorcraft Center et par Eurocopter, mon sponsor industriel.

L'interdisciplinarité est un vecteur majeur de rupture. Pour preuve, ce nouvel axe de recherche va me permettre de faire une publication officielle seulement dix mois plus tard. Je présenterai mes résultats devant les plus grands experts mondiaux au Forum AHS de Fort Worth, Texas, avant de rentrer de mission en France. Je suis « accueilli » à l'hôtel de Fort Worth par un déluge de grêle destructeur avec des boules de glace de dix centimètres ! Les Américains font toujours les choses en grand ! L'orage est resté très local, mais toutes les enseignes publicitaires sont en miettes, les parebrise défoncés avec des trous du diamètre des grêlons, même les angles des carrosseries des voitures sont enfoncés…

Malgré ce désastre imprévisible, le congrès peut heureusement se tenir. Il faut savoir que l'hélicoptère moderne tel que nous le connaissons date des années 50, et que ses plus illustres concepteurs internationaux sont encore présents à ces conventions biennales. Un grand moment de partage et de célébration avec les entreprises du monde entier. Jeune venu dans cet univers très structuré, c'est très impressionnant pour moi et tellement riche. Une fois passé le stress de la présentation de mes résultats de recherche, ma curiosité est comblée.

Cette expérience américaine m'a effectivement permis de mieux comprendre leur Mindset absolument étonnant, tout comme leurs travers. Mais mon plus grand enseignement est que les frontières du savoir humain sont très vite atteintes. Cela ne prend pas plus de deux ou trois mois de travail bibliographique intense. Peut-être même, quel que soit le sujet ! En mode chercheur, sur le modèle du célèbre Einstein, notre cerveau accumule des connaissances, les travaille, les retourne dans tous les sens, jusqu'au moment où une sorte d'étincelle apparaît.

Cette forme d'intuition « divine », d'« *Eureka* », qui nous permet de voir tout à coup l'image d'ensemble, le pas dans le vide qui découvre l'inconnu. Cette image regroupe toute une somme de savoirs qui s'entremêlent et font avancer la science. Ce peut être un petit pas incrémental, ou bien une rupture totale, comme les ondes gravitationnelles d'Einstein imaginées en 1916-1918, pour confirmer sa théorie de la relativité générale, mais qui ne seront observées et prouvées qu'en 2016 ! Notre cerveau humain a des ressources exceptionnelles. Il aurait dit : *« Logic will take you from A to Z. Imagination will take you everywhere. »*[16]

Ces limites, qui paraissent souvent infranchissables, sont en fait justes devant nos yeux, prêtes à être défiées. La notion de dépasser ses limites est pour moi un moteur incontournable dans la construction de l'être humain, à la fois dans notre vie, mais aussi dans la façon dont nous faisons évoluer le monde. Avec l'écueil inévitable de la performance à tout prix.

Concernant mes travaux, je vais découvrir plusieurs années après que ma publication aura bien été le départ d'autres recherches internationales et de brevets américains. Cette approche avec ce mode de pensée interdisciplinaire est devenue un axe majeur des développements actuels et des ruptures. Le Learning Planet Institute, anciennement CRI, Centre de Recherche Interdisciplinaire, basé à Paris,

---

[16] *« La logique vous mènera de A à Z. L'imagination vous mènera partout. »*

fondé et dirigé par François Taddei et Gaell Mainguy, est même devenu un fleuron mondial, une fierté nationale, et même un modèle que nombre de pays nous envient.

En 1995, l'aéronautique mondiale traverse une crise majeure. Je dois rejoindre Eurocopter à mon retour en France après quelque trois années d'accompagnement et de véritable sponsoring de leur part. On me demande de participer à une réunion d'échanges et d'informations avec les principales personnes qui travaillent autour de mon sujet de recherche hélicoptère, et en particulier l'ONERA. Le meeting se déroule bien, j'ai un bon temps de parole pour exposer nos résultats.

En fin de réunion, je suis surpris de voir quelques personnes présentes me demander mes coordonnées pour pouvoir poursuivre nos échanges. Je suis au regret de leur annoncer que mon aventure dans l'aéronautique s'arrête là. En effet, l'ensemble du groupe français Aérospatiale a gelé toutes les embauches.

Je me retrouve subitement sur le marché du travail avec mon diplôme en poche, notre brevet de voile et ma publication sur les interactions pales-tourbillons. C'est une vraie déception de la filière aéronautique, même s'ils ont certainement leurs bonnes raisons. Ils me proposent à titre dérogatoire une solution alternative pour les rejoindre via une entreprise de prestations d'études… Mais l'esprit ne me convient pas. Je vais donc chercher mon futur employeur à ma manière. Après tout, l'innovation, c'est ma partie !

5 – Bascule dans le grand bain

Dans notre projet Zephir, nous prospectons en continu pour nous rapprocher de partenaires techniques ou financiers qui font sens. Nous testons tous types de méthodes qui évoluent avec le temps. Et une chose est sûre, rien ne remplacera jamais le contact direct et l'audace, comme je l'avais exploré à mon retour des États-Unis en 1995.

Sans envoyer ni lettre de motivation ni CV, j'appelle au culot directement les entreprises en leur disant que je suis de passage à proximité de leur siège, et que je peux venir rencontrer leur DRH ou leur directeur de filière. Bingo ! Ma démarche originale est manifestement appréciée puisque je décroche rapidement des rendez-vous. En particulier, chez Renault. Quelques mois auparavant, attisé par ma curiosité, j'ai participé à un forum de rencontre des expatriés avec les entreprises françaises à Boston. Sachant que ma voie était toute tracée dans l'aéronautique, j'avais été inspiré d'aller discuter sans attentes avec les représentants du constructeur automobile Renault. J'avais échangé très librement avec ce sympathique monsieur, qui était alors Directeur des Ressources Humaines des cadres du groupe. Nous avions passé un très bon moment autour d'un café ! Sans le savoir, nous n'avions pas perdu notre temps.

C'est seulement quelques jours après mon entretien d'embauche à la volée que je rejoins leur Direction de la Recherche qui siégeait à Rueil-Malmaison pour travailler sur ce que l'on appelle le « confort vibratoire » dont je ne connaissais même pas l'existence ! Ces études permettent de rendre notre conduite confortable malgré les fortes sollicitations qui viennent de la route et des liaisons au sol d'un véhicule… vaste programme ! Me voilà donc catapulté à Paris et sa proche banlieue. Je me donne maximum deux ans pour apprendre, mieux connaître Paris, avant d'en repartir ! Pas la peine de défaire tous les cartons ! Le compte à rebours est lancé… Notre premier garçon, Quentin, vient au monde. Malgré les difficultés, Florence et ce petit bout de chou se portent bien. C'est un immense bonheur pour nous !

Les personnes avec qui je travaille sont extra. Entre mon chef Philippe et le responsable du département Jacques, je ne peux pas être mieux entouré. Ils comprennent rapidement mon profil, mon envie d'innover et ma fougue. Ils n'hésitent pas à me confier 1, 2, puis plusieurs sujets en parallèle. La comparaison avec l'industrie aéronautique est passionnante. La conception d'un hélicoptère ou d'un avion peut prendre de nombreuses années, voire une ou deux décennies. A contrario, dans l'automobile, les programmes sont raccourcis au point que les Japonais sont capables de sortir un véhicule en tout juste quatorze mois. Un véritable exploit pour les Européens. Renault n'en est pas encore là, mais va rapidement s'en approcher avec l'arrivée aux commandes d'un certain Carlos Ghosn.

Ce capitaine d'industrie m'impressionne par sa méthode. Il rejoint Renault à peu près au même moment que moi, et je peux profiter pleinement de son impact sur cette organisation que je découvre. C'est un leader à la main de fer. Pour l'avoir rencontré lors de ses quelque six mois dits d'observation, sa méthode dans sa relation aux responsables de département est extrêmement simple.

Pour commencer, il provoque une première réunion d'état des lieux, durant laquelle il laisse totalement la parole aux interlocuteurs, avant de reformuler et de poser quelques questions pour bien comprendre leurs avancements et leur vision des enjeux. Il les challenge alors sur leurs propres objectifs, et leur donne un nouveau rendez-vous quelques mois plus tard pour lui présenter leurs résultats. Son discours de fond est direct, tactiquement, il accepte leurs incertitudes, leurs imprécisions, voire leur égarement pour ce premier échange. Mais c'est aussi une façon de faire connaissance, sachant que les prochaines fois, ce sera sans concessions… Autant être prévenu. L'approche est brutale, le changement de management est une révolution dans l'entreprise. Il faut se souvenir que Renault s'appelait quelques années auparavant la

Régie Renault, une entreprise d'État au management assez souple, voire laxiste… La roue a tourné brutalement.

Au niveau de mes travaux, j'avoue prendre beaucoup de plaisir, c'est comme un jeu. Ma mission est d'analyser, d'innover et de proposer des solutions qui, si elles sont acceptées, seront transformées en brevets. Joli challenge qui pourrait même impacter les futurs véhicules de la gamme ! C'est très motivant. Je suis quand même un peu hors système, j'ai besoin de faire les choses un peu à ma façon. À commencer par mon mode de transport, qui est le VTT. Chaque matin, c'est un petit challenge personnel pour monter et descendre la colline qui me sépare du bureau à Rueil-Malmaison, et, inévitablement j'arrive « au taquet », transpirant… Comme je suis en bonne forme, je claque souvent mes meilleurs chronos, de bon augure pour le moral de la journée ! Dans l'ascenseur avec les autres collaborateurs en costume, ça vaut le détour… « Douche express » en petite tenue dans mon bureau avec une serviette et une bouteille d'eau, et en prime s'il vous plaît, vue sur la forêt depuis mon 6e étage ! Puis je ressors habillé « conforme ». Certains regards en disent long, entre sourires et grimaces parfois, mais ça passe bien. J'en profite un peu, l'ambiance est relativement détendue à la Direction de la Recherche.

Durant ces deux années pleines, j'affine ma méthode d'innovation en poussant l'interdisciplinarité. J'arrive à impliquer naturellement de nombreuses directions du groupe autour de mes projets : Recherche & Développement, mais aussi Ingénierie, Produit, Design, Essais et Département Agriculture, ainsi que plusieurs fournisseurs pour les prototypages. La position très transversale de ma Direction m'ouvre facilement les portes. C'est un vrai régal de pouvoir collaborer sur mes travaux avec des organisations de départements et des profils de personnes aussi variés.

Je vais alors passer de projet en projet, en commençant par la recherche sur les amortisseurs et ce qu'on appelle les butées de choc élastomères. Puis on m'ajoute l'étude d'un système de suspensions oléopneumatiques pour des tracteurs agricoles avec une PME basée à

Toulouse. En complément vient la conception de cinématiques simplifiées à l'extrême pour les sièges des futurs petits véhicules de la gamme, et des systèmes de fixation sur glissières pour les sièges du futur modèle d'Espace. Avec Philippe, qui aime bien mon approche et qui a aussi un profil un peu décalé, nous prenons plaisir à travailler ensemble et nous laissons libre cours à notre créativité. Mon approche de l'innovation est très personnelle. Elle n'est pas encore bien ciselée, mais elle fonctionne plutôt bien. Ma méthode BrainShift© l'intégrera. Philippe n'y met aucun frein. J'ai ainsi la chance de pouvoir déposer huit brevets nationaux et européens pour le Groupe Renault. C'est une très belle marque de reconnaissance de mon travail que je garde encore en mémoire. J'en suis très touché, mais je ne peux pas rester dans une telle structure. J'ai besoin d'espace, d'aventure, de prendre des risques dans ma propre existence. Les personnes autour de moi sont formidables, les équipes engagées, l'ambiance est excellente, combinant travail, footing dans les bois et bonne humeur avec des amis chers comme Patrick et David. Ma décision n'est pas comprise de tous, car *« on ne démissionne pas de Renault »*, mais ma voie est clairement ailleurs.

Malgré la qualité de mon petit cercle professionnel, je ressens une forme d'enfermement, de pression du système, de frustration des personnes, de tristesse dans les regards… Je ne sais pas le définir, mais je dois fuir ce système d'une façon ou d'une autre. Le temps presse, je ne veux pas rentrer dans le moule et m'y conformer avec l'usure du temps. Je me sens différent et cette idée me fait peur. Certains évènements extrêmes sont lourds : un ami de promotion en sera victime en se suicidant dans le luxueux nouveau centre de Guyancourt. Un drame absolu dans cette entreprise qui, historiquement, est plutôt paternaliste malgré sa grande taille. Louis Schweitzer avait su créer une transition douce vers une industrie mondialisée. L'entreprise a toujours pris grand soin de ses salariés. Pourtant, la pression est devenue telle qu'un garçon avenant et sympathique y met fin à ses jours. France Télécom sera frappée de ce soi-disant « syndrome » et lourdement condamnée. Mêmes causes d'un management de pression aveugle et déshumanisé, mêmes effets… pourtant connus et prévisibles. Moult personnes en responsabilité peuvent décider en parfaite conscience de pousser les curseurs de la productivité, en sachant qu'il y aura de la casse, bien au-delà du mal-être et des burnouts. Ils sont d'ailleurs tellement courants, que notre système de santé l'a classé en maladie professionnelle ! Le burnout fait partie des dommages collatéraux des organisations dites productives. Paradoxalement, c'est notre système de protection des salariés qui doit s'adapter à cette casse sociale qui paraît inéluctable. Mais pour moi, ce n'est pas une fatalité, mais une opportunité de faire évoluer notre société à partir de ce constat noir.

Pour mieux comprendre et me protéger, ma voie doit donc s'éloigner pour un temps. D'un extrême à l'autre, je bascule du CAC 40 à cette petite PME de dix personnes, basée à côté de Toulouse. Du nom de son fondateur et gérant, Jean-Pierre Fournalès, avec laquelle j'ai travaillé chez Renault pour les cabines de tracteur agricole. Jean-Pierre est un inventeur né, un Géo Trouvetou généreux hors du commun. Il est capable de travailler avec les plus grands champions de la course moto, comme de passer sa journée avec son voisin pour trouver une solution technique à son problème de moto ancienne. Au fil des années, il a su développer les suspensions oléopneumatiques. Ce sont des suspensions à l'intérieur desquelles c'est une simple émulsion d'air et d'huile qui assure les deux fonctions de ressort et d'amortissement. Les bénéfices d'une telle suspension sont absolument exceptionnels. Ce mélange particulier permet d'avoir un contact des roues au sol à la fois doux, efficace et puissant lorsque nécessaire. Il fait des miracles techniques partout où sa solution est testée : pour le motocross, le VTT, les motos de piste, les Harley-Davidson qui, tout à coup, tiennent mieux la route que jamais, ou encore les buggys de Jean-Louis Schlesser sur le Paris-Dakar. Jean-Pierre Fournalès est un vrai magicien, et c'est ce qui m'attire vers lui. Une évidence. Je n'ai aucun doute, la solution technique est si belle, si efficace que l'entreprise a un avenir tout tracé. Ils peuvent m'accueillir, et je vais pouvoir apporter mon approche. Pourtant, développer une entreprise reste complexe. Associer la bonne vision, la connexion au marché, la relation client, un véritable savoir-faire qui n'est pas évident du tout pour des techniciens. Un produit performant ne suffit pas s'il n'est pas marketé correctement. Pourquoi les utilisateurs préfèrent-ils acheter un amortisseur concurrent d'une grande marque, pourtant moins performant ?!!!... Justement, la réponse est dans la question, c'est une grande marque avec des produits d'un niveau de qualité suffisant... Me voilà sensibilisé très rapidement au monde sans concessions de la loi du marché. Il est indispensable de combiner les savoir-faire d'une équipe, et de respecter impérativement ces savoir-faire, sans quoi l'échec devient la seule option. Comme si l'on devait savoir s'ouvrir à une forme de leadership alterné.

Mon exploration va malheureusement tourner court. Sans que je le sache, l'entreprise était déjà en grande difficulté économique. La priorité est en fait à la survie, mais n'est plus à l'ingénierie... Je n'y reste que quelques mois en 1997-98, mais cela a été l'opportunité de rencontrer un champion atypique, Éric Barone, dit le Baron Rouge. Éric est champion du monde de VTT de descente, également cascadeur professionnel, et c'est avec lui que je vais pouvoir explorer le monde des sports extrêmes pendant les vingt prochaines années. Nous y reviendrons.

Quelques semaines après notre douche froide à Toulouse, nous allons pouvoir rebondir et malheureusement déménager une nouvelle fois. Nous sommes à présent quatre dans la famille avec l'arrivée d'Erwann. Un petit Toulousain donc ! Ainsi, après avoir pu découvrir les univers de la construction aéronautique et de l'industrie automobile, une incroyable opportunité se présente à moi. C'est une belle entreprise de six cents personnes qui intervient dans le domaine du levage[17] et de la manutention[18]. Le groupe Mediaco, fondé et dirigé par une relation amicale de la famille, qui me sollicite pour l'y rejoindre. Je rejoins la direction de leur agence de Lyon pour amener du sang neuf dans l'organisation. Cette filiale d'une cinquantaine de personnes, qui exploite vingt-cinq grues mobiles, est le leader régional. Bien que je ne

---

[17] Opérations utilisant des grues pour soulever et positionner des charges.

[18] Travaux réalisés par des personnes spécialisées avec des accessoires du type palans, élingues, vérins, rouleurs, grues… permettant de déplacer et mettre en place du matériel lourd.

connaisse encore rien au métier, cette entreprise permet d'accéder à un grand nombre de milieux industriels. Et en toute franchise, jouer aux Legos géants avec des grues au milieu d'une raffinerie, c'est un peu retomber en enfance pour un garçon comme moi. Le bruitage se rapproche de la réalité, mais, différence de taille, on ne peut pas faire s'écraser le matériel au sol dans un vacarme assourdissant !

En parlant de jeux de sable d'enfance, voilà une petite anecdote récente. Antoine m'appelle tardivement un soir d'août en me demandant de le rejoindre à 23 h à son club de voile sur la plage. Il m'explique que deux grosses grues-pelleteuses sur chenilles viennent l'aider à dégager son gros engin de chantier, piégé à 200 mètres du bord. En allant déplacer les corps morts du chenal[19] à marée basse comme il le fait souvent, les quatre énormes roues se sont brutalement enfoncées sous lui contre toute attente. L'engin est littéralement collé au fond par des sédiments boueux. Comme des sables mouvants. Puis la marée a remonté progressivement jusqu'à le recouvrir… *«Avec les coefficients de marée actuels, il faut absolument le sortir ce soir, sinon ce sera dans un mois !»* me confie Antoine.

Il fait nuit noire, la mer est calme, et nous suivons pas à pas les deux grues vers le large au fil de l'eau qui s'éloigne. La marée est à nouveau basse à 2 h du matin, avant la bascule. Le temps est compté. L'eau ne descend pas plus bas qu'à mi-roue. Nos pieds s'enfoncent dans ce fond argileux, l'eau est froide et l'équipe amarre sans tarder les deux machines au tracteur enfoncé. Les deux grutiers manœuvrent leurs pelleteuses avec une dextérité impressionnante pendant trente minutes, mais rien n'y fait. L'engin est toujours collé au fond sans avoir bougé d'un centimètre. L'inquiétude grandit. Il faut changer de stratégie : une grue se met côté plage pour se tracter avec sa propre pelle enfoncée dans le fond sableux, la seconde se positionne à l'arrière pour l'aider en poussant. Les machines vrombissent dans la nuit, s'arc-boutent, puis on

---

[19] Les corps morts sont des blocs en béton posés au fond de l'eau afin d'amarrer les bateaux en sécurité. Le chenal est un passage réservé pour la mise à l'eau et le retour des bateaux à moteur.

voit avec Antoine l'eau frémir autour de l'engin. Elles arrivent progressivement à tracter l'engin de plusieurs tonnes hors de son piège. C'est une belle victoire ! Il faudra encore une heure pour le traîner jusqu'à la plage en lieu sûr, avec l'eau de la marée montante qui nous suit. Antoine a toujours beaucoup d'humour, on simule alors une interview pour les médias : *« Pour le projet Zephir, on a un petit problème, on veut creuser un canal, donc on le fait la nuit… Mais ça avance… ça creuse ! »* Franche rigolade malgré la situation. J'ai alors ces images en industrie qui me reviennent avec des grues, de la boue et des chantiers parfois cauchemardesques.

Retour en 1998 chez Mediaco loin des plages de sable. La région lyonnaise est un pôle industriel majeur et l'utilisation d'engins de levage et de manutention est devenue incontournable. Je peux ainsi côtoyer quotidiennement les secteurs de la pétrochimie, la chimie, la pharmacie, ou encore le nucléaire, les travaux publics, les monuments historiques et la construction. Étant régulièrement sollicité sur des opérations sensibles, j'ai la chance de pouvoir travailler avec les responsables de projets de ces différents milieux. Par définition, un tel engin de levage vient s'installer très provisoirement sur la zone de travail, où il faut imaginer les mouvements de la grue et de la charge à lever. Le site est souvent très impacté par l'intervention et nous devons tous collaborer et nous adapter aux contraintes des uns et des autres. Inutile de préciser que les enjeux sont souvent importants en plus des difficultés de l'opération.

Je me souviens en particulier de cette intervention en plein milieu d'une unité de raffinerie en fonctionnement, pour laquelle nous avons passé un temps fou afin d'en assurer la bonne faisabilité. La grue doit occuper un espace au sol d'environ 18 sur 12 m, et une seule position est possible au cœur de l'unité. Pour pouvoir atteindre et lever cet appareil d'une dizaine de tonnes, sa flèche de 60 m entièrement déployée vient au contact de la charpente, située 20 m plus haut.

Lorsqu'une opération « de précision » de ce type doit se faire dans un créneau limité et avec les contraintes de l'exploitation, mieux vaut être très bien préparé. Tant au niveau du calcul et de la simulation, que pour les personnes intervenantes, mais aussi le client qui doit être parfaitement conscient et associé au challenge technique. Une forme de défi d'équipe pour au final une prestation qui, si elle se passe bien, ne laissera aucune trace, sinon la satisfaction d'avoir bien fait notre travail. Et pourtant, cette logique de préparation aboutie est un incontournable de toute performance. Cela devient de fil en aiguille une routine qui s'affine au fil des opérations. Tout en restant particulièrement vigilant, notre zone de maîtrise et de « confort » s'étend peu à peu avec l'expérience. La performance se construit sur les acquis et dans la durée. J'ai pu apprécier cette forme de patience dans un nouveau métier.

Bien que le groupe se porte bien financièrement, l'agence de Lyon qui m'accueille ne vit pas ses meilleures années et ma mission est d'apporter une dynamique nouvelle. Fleuron historique, elle doit à nouveau se développer, voire se réinventer. Pour cela, la direction générale décide de repartir dans ce que l'on appelle les arrêts d'unités en pétrochimie.

Pour résumer, une unité de raffinage est mise à l'arrêt[20], puis quelque 2000 à 3000 intervenants viennent sur le site pour réaliser un maximum de travaux, en un minimum de temps. Sans connaître quoi que ce soit à ce milieu industriel, me voilà envoyé sur la raffinerie de Donges en Loire-Atlantique pour effectuer des opérations de manutention sur des échangeurs. Cela ressemble à de gros cigares de plusieurs mètres de long et un à deux mètres de diamètre environ. Fermés et étanches, ils sont remplis de centaines de petits tubes dans lesquels peut passer un liquide. Tels des radiateurs géants, ils permettent à deux fluides d'échanger de l'énergie thermique entre eux, tout en étant dans deux circuits indépendants. La maintenance de ces énormes appareils consiste à en ouvrir l'extrémité, à sortir ces grappes de tubes

---

[20] Une unité dans une raffinerie est un ensemble d'appareils qui fonctionnent ensemble pour transformer du pétrole brut et en extraire différents produits, tels que du carburant ou du gaz. Lors des gros travaux de maintenance, toute l'unité est arrêtée, puis redémarrée progressivement une fois les travaux réceptionnés.

qui pèsent des tonnes, pour nettoyer et inspecter les ensembles avant réparation et remontage.

Je débarque donc sur ce chantier pharaonique à mes yeux, avec mon équipe d'anciens, qui n'ont plus fait cela depuis une quinzaine d'années. Un container de matériel nous suit pour nos travaux. Je suis rassuré, on m'a garanti qu'il est parfaitement préparé pour la mission : « Tout y est ! »

En observant sur site la dynamique des entreprises lancées dans cette course contre la montre, je comprends rapidement que nous sommes complètement dépassés alors que nous n'avons même pas commencé nos trois semaines d'intervention. Cerise sur le gâteau, le container est plein… de matériel complètement obsolète. La météo est exécrable, et les sols boueux. Je découvre sur place un responsable client un peu particulier, surnommé « coco », une figure dans le milieu des arrêts en pétrochimie. Il est ultra expérimenté et exigeant. En plus de me demander ce que je viens faire dans cette galère, j'ai cette sensation permanente que le travail est impossible à finir. Je n'ai qu'une obsession 24 heures sur 24 : trouver des solutions et des « partenariats » locaux improvisés intelligents pour nous en sortir. Je déploie une énergie phénoménale, essayant d'assurer malgré tout. Bien que tous regardent notre entreprise comme de vrais revenants d'un lointain passé, au vu de leurs réactions, ils respectent quand même mon engagement malgré les difficultés et ma méconnaissance du sujet. Nous avons cependant une cause commune, celle de voir ces travaux terminés en temps et en heure. Ces échangeurs sont critiques dans la réussite globale de l'arrêt, qui se chiffre en dizaines de millions d'euros.

Dans ce chaos ambiant assourdissant, agrémenté d'une pluie diluvienne continue, je dois absolument trouver une voie avec l'équipe. Je n'ai pas d'autre choix que d'innover et mettre toutes mes ressources personnelles à profit pour prendre les bonnes décisions. La première phase qui ressort de ma courte expérience passée est surtout de rester calme, de faire le moins de bruit possible et d'observer mon environnement. Observer d'abord les sachants, poser discrètement les bonnes questions pour apprendre vite et garder le peu de confiance présente. Mais il s'agit aussi d'impliquer au maximum les intervenants de l'équipe, qui se sentent envoyés au « casse-pipe », et sont particulièrement désabusés par la situation et le comportement irresponsable de la Direction. Chaque matin, ma première préoccupation est de voir le travail, prévu pour la journée, être réalisé. Et dans le même temps, c'est aussi d'anticiper et trouver des solutions aux nouveaux problèmes qui apparaîtront le lendemain ou le surlendemain. Ajoutons à cela les grosses échéances clefs du déroulé des opérations, la coupe est pleine, puisqu'à peu près rien n'est prévu. Ah oui, j'oublie de préciser que nous sommes mal équipés au niveau vêtements, et que nous sommes trempés jusqu'à l'os de 7 h 30 à 20 h, les pieds dans les boues noires de la raffinerie. Le moral est au beau fixe… !

Mon approche est simple, je dois prêter main-forte à l'équipe sur les postes et découvrir leur métier à leurs côtés en temps réel dans ce vacarme permanent, et avoir le recul sur l'ensemble. J'apprendrai avec le temps qu'il est extrêmement difficile, voire illusoire, de faire correctement les tâches d'un intervenant et de piloter en même temps un chantier. Ce sont deux modes de pensée totalement différents et peu compatibles. En revanche, une chose est sûre, passer des journées à travailler de ses mains et transpirer avec les opérateurs est une grande leçon de vie, que j'aime renouveler. Cela doit venir de ma sensibilité au monde ouvrier avec mes deux grands-pères. On y apprend l'esprit du métier et ses enjeux, mais aussi à ressentir la dynamique d'une équipe et comment créer une confiance mutuelle. Mieux se connaître dans la difficulté est un bien pour le collectif.

Sur ce défi technique et humain de Donges, que je qualifierais pour le moins d'« aventureux », nous avons tout de même réussi à respecter les délais in extremis et réceptionner notre prestation. Malheureusement au prix de la sueur, de la prise de risque inutile sur certaines manutentions, et d'une très grande énergie déployée. Je tiens à tirer mon chapeau à Nicolas Avaz, que je rencontre alors sur place et qui me donne un sacré coup de main avec son équipe pour nous aider à nous en sortir. Nous sommes tous rentrés entiers, mais épuisés, réalisant que nous avions été envoyés à la débâcle dans un environnement hostile. Belle leçon sur le fait de ne pas se lancer à l'aventure avec la fleur au fusil, mais qu'il y a des ressources cachées qui peuvent être bien utiles quand la sensation de chaos s'impose. Cette opération laissera des traces indélébiles, positives comme négatives, dans les relations dans l'entreprise. Mais, compte tenu de mon manque d'expérience, aurais-je pu faire autrement ? Comment aurais-je pu éviter cette fausse bonne préparation ? La question d'anticiper lorsque je pars en terrain inconnu est sensible, elle peut amener à des situations bien plus dangereuses que pendant cet arrêt.

Cette expérience au sein du groupe est extrêmement riche du fait de son organisation. Chaque agence est indépendante et les résultats sont consolidés au niveau d'une holding. Je peux ainsi découvrir les équilibres entre les dimensions financières des entreprises et la structuration en filiales d'exploitation. Tout l'enjeu est de faire fonctionner chaque entité au maximum de son potentiel, et par les jeux des locations ou des investissements de renforcer la société mère.

Comme dans les grands groupes dans lesquels j'ai pu travailler, que ce soit dans l'aéronautique ou l'automobile, la pression financière est similaire. Dans le même temps, la relation humaine et le respect de l'autre en font les frais. Pour le moment, je ne peux être qu'acteur du système comme les autres, tout en essayant d'apporter mon souci de l'autre dans mon mode de management. Mediaco est une entreprise familiale, très paternaliste du fait du charisme de son dirigeant et de son père, le fondateur historique. Ces deux hommes sont très différents dans leurs méthodes, mais tout aussi exceptionnels dans leurs réalisations. Cette entreprise est d'une complexité infinie, et difficile pour moi à comprendre. On y croise les ressorts de l'émotion et de la passion, le vécu très engagé de chacun pour le groupe, et la compétition féroce du marché mêlée au jeu subtil de la finance et des actionnaires.

Je me suis retrouvé dans la peau d'un dirigeant de PME avec une autonomie toute relative dans les décisions financières, mais réelle dans mon management quotidien. Durant ces quatre années, j'ai pu ainsi comprendre combien une entreprise indépendante reste très exposée sans le soutien d'une société mère. C'est une forme de confort indiscutable pour une filiale, mais qui masque la réalité du monde économique et d'un marché concurrentiel où l'erreur est peu permise. Je suis très reconnaissant envers Christian-Jacques Vernazza, qui nous a quittés trop tôt, et son équipe dirigeante de m'avoir offert cette opportunité de vivre une expérience unique.

L'envie d'entreprendre est en moi. J'ai besoin de m'y frotter et de découvrir l'exaltation et les écueils de créer ma propre société. Je décide alors de me lancer dans un programme d'accompagnement tout nouveau, élaboré par la prestigieuse EM Lyon Business School. Hasard de la vie, c'est l'école de management de l'autre côté de la rue de mon école d'ingénieur à Écully. De bons souvenirs et de très bons amis que je côtoie toujours. Il s'agit d'une année scolaire complète pendant laquelle la reprise et la création d'entreprise sont étudiées, tout en les implémentant dans mon propre projet entrepreneurial. Le contenu est particulièrement varié et riche, ma curiosité est comblée. Quelle belle surprise, jamais je n'avais imaginé dix ans plus tôt, à l'époque de centrale, la densité et la pertinence de ces enseignements ! Comme quoi, ces univers de l'ingénierie et du business ne sont pas naturellement liés en France !

Malgré la construction d'un business plan solide et de multiples outils de pilotage, j'ai besoin d'être rassuré, certainement trop, et pour cela de m'entourer des bonnes personnes. La remarque m'a été faite sur le risque de me lancer avec de nombreux associés. Je suis dubitatif, car j'ai alors tendance à confondre les enjeux de gouvernance[21], d'orientation stratégique, et ceux du management de l'entreprise au quotidien.

Nous nous retrouvons ainsi sept actionnaires de ce petit projet aux grandes ambitions. J'en suis le dirigeant avec le choix délibéré d'être à part quasi égale avec mes camarades d'aventure. Tous égaux !

---

[21] La gouvernance, portée par les dirigeants et par exemple un Conseil d'Administration, désigne l'ensemble des décisions qui permettent d'assurer le bon fonctionnement d'une organisation.

Autrement dit, je prends les responsabilités et l'engagement associé avec le sens d'un partage équitable. J'ai confiance, l'avenir nous donnera les réponses à nos zones d'interrogation. Sans grande expérience de ces enjeux, chacun de nous est à la fois au Conseil d'Administration et en charge d'une fonction opérationnelle. Green Cap va ainsi naître début 2003. Son savoir-faire est la protection temporaire sur les chantiers en industrie. Cela ressemble à des emballages géants avec des parois en film plastique blanc. Des œuvres éphémères, comme le fait l'artiste Christo, mais pour l'industrie ! Une équipe crée ainsi des espaces de travail où l'ambiance est maîtrisée en utilisant ces confinements pour protéger l'extérieur ou s'en protéger. On peut alors s'affranchir des intempéries, piloter la température, la dépression dans le volume ou encore filtrer les poussières ou les pollutions.

Autant dire que la période de confinement que traverse l'humanité en 2020 sans autre alternative est un sujet qui m'est particulièrement familier. Que ce soit pour un virus dans l'air, des poussières contaminées de type amiante, des particules radioactives ou des polluants chimiques gazeux, nous devons assimiler des gestes et comportements très spécifiques. Ces gestes barrières qui ont été largement communiqués à la population sont très simplifiés, mais efficaces pour limiter la propagation du virus. Dans nos métiers, la performance requise est par contre maximale. Le confinement doit être quasi infaillible, car il n'est pas admissible de se contaminer alors que le risque est le plus souvent parfaitement connu et identifié. Aucune poussière radioactive, ou aucune fibre d'amiante, par exemple, ne doit se retrouver à l'extérieur. En plus de la protection des personnes et de l'environnement, c'est une question d'assurance et de responsabilité civile. Sur chaque prestation de ce type, les enjeux sont importants.

Ce savoir-faire des confinements industriels est apparu quelques années auparavant dans le domaine des bateaux de plaisance et d'autres secteurs commencent à s'y intéresser sérieusement. Le potentiel de développement est substantiel, aussi, nous mettons en place toute une stratégie pour passer d'un métier peu structuré sur le marché du nautisme à une véritable entreprise de services industriels.

Notre croissance est impressionnante, partis de la page blanche, nous réalisons environ 4 M€ de chiffre d'affaires en troisième année. Notre talon d'Achille reste le financement, car nos capitaux sont faibles. Nous compensons en partie en faisant rentrer quelques capitaux-risqueurs minoritaires, mais surtout en utilisant le financement à court terme de nos factures à des taux très avantageux. Cela est rendu possible, car nos clients sont essentiellement de grandes entreprises et sont très solides. Cette solution, dite d'affacturage, est parfaite. Pour le moment.

Notre organisation est efficace grâce à notre bonne expérience en industrie. Une véritable locomotive voit le jour. Nous réalisons des travaux très techniques et d'envergure partout en France, et nous avons monté une cellule de calcul et de recherche appliquée. Des brevets sont déposés, le recrutement et la formation tournent bien, l'ambiance et l'engagement sont porteurs. Nous nous imposons rapidement dans de nombreux secteurs de l'industrie et forçons le respect. Notre nom « Green Cap » est reconnu au point que nos clients l'utilisent pour décrire nos procédés de mise en œuvre. Une belle fierté !

En complément de ces réussites techniques, je souhaiterais que notre entreprise soit humaine et à l'écoute. Mais dans cette course folle à la performance tous azimuts, nous avons créé une forme de monstre moderne, pétri de certitudes, de procédures et de systèmes ISO irrespirables. Chaos et harmonie font partie de notre quotidien. Nous avançons à l'énergie, sans nous retourner. Moi le premier. Je me rends compte que je ne prends pas suffisamment le temps pour partager ma vision, lui donner du sens et la faire comprendre à tous les collaborateurs, à tous mes associés. Cette vision de notre métier est pourtant bonne, les années et le marché me le confirmeront durant cette aventure, et même bien après.

Je compense inconsciemment par des méthodes, des procédures, des reportings et des briefs à consigner par écrit pour les équipes. Je suis une véritable machine telle que l'on m'a appris à le devenir, et, même si je ressens les vulnérabilités et les passages difficiles chez les autres, je ne sais plus faire preuve d'empathie. J'ai perdu ce lien pourtant naturel. Je le vois, et j'en souffre. La confiance est fragile, incertaine. Les collaborateurs sont loyaux envers moi, j'en suis conscient, mais ils sont usés et fatigués.

Il est vrai que nos futurs succès se construisent sur nos échecs, mais, malheureusement, l'inverse s'applique également. Nos prestations nécessitent une organisation sans failles, que ce soit dans la phase de préparation des chantiers ou dans la gestion des équipes avec les bonnes compétences aux bons postes. La qualité des briefs techniques est indispensable pour superviser jusqu'à une vingtaine de missions en parallèle dans toute la France. L'année 2007 montre nos limites et nous impose de repenser notre organisation opérationnelle. Mais nous ne voyons pas arriver une deuxième vague, ce tsunami venu de l'économie américaine qui nous frappe durant l'été 2008. La crise financière des « Subprimes » américains en 2008 devient pour nous un Everest venu de nulle part.

C'est un véritable effet domino, en quelques semaines, notre trésorerie est amputée de quelque 830 k€ à horizon trois mois. Nous avons investi massivement depuis notre création dans la formation, les équipements, comme dans les études, et nous n'avons aucune marge de manœuvre. C'est une totale bascule qui nous impose de prendre des mesures drastiques, moi le premier, puisque j'en suis le responsable légal.

C'est pour moi comme un rideau noir qui tombe sur la scène et qui coupe court à tous les rêves les plus fous. Notre grande et belle ambition se trouve confrontée à la réalité froide de la crise et des banques. D'une position de leader pour développer un marché de rupture technique, je passe à un rôle de défenseur des acquis et des travaux accomplis, pour redresser et sauver ce qui peut l'être. Cette phase imprévue est d'une violence inouïe. Je comprends très vite la notion d'isolement du chef d'entreprise. Je dois prendre des décisions, les signer devant un tribunal et m'engager à les réaliser avec toutes les responsabilités civiles sur mes épaules, et potentiellement du pénal. Pour faire court, tout ce que nous avons pu faire dans notre parcours et en particulier ce que j'ai validé peut être retenu contre moi. Si l'on ajoute à cela que dans ma position de dirigeant, je n'ai aucun revenu en cas de faillite, la réalité est glaçante. Il ne s'agit plus d'imaginer une quelconque plus-value pour les actionnaires, mais bien de tout faire pour sauver l'entreprise et les emplois.

Et par-dessus tout, protéger ma famille qui est malmenée et exposée aux conséquences de cette situation.

Ce qui m'a le plus frappé dans cette bascule en redressement judiciaire, c'est la course contre la montre. Au moment de la création, j'avais déjà ressenti cette pression du temps, mais nous évoluons à présent dans un autre univers. Un univers très proche des sports extrêmes et de la gestion du haut risque. Je me souviendrai toujours de cette journée de coupure en mer, presque vitale pour moi. J'ai l'opportunité de prêter main-forte à un ami, pour convoyer leur magnifique voilier familial depuis Saint-Tropez vers Marseille. Ellen, un vieux gréement de 18 m de 1931. Ces quelques heures à être poussés par un puissant vent d'Est le long des côtes sont pour moi un bol d'oxygène. Je voudrais que cela dure indéfiniment pour me soustraire à la réalité de ce monde. Frédéric connaît particulièrement bien la problématique des entreprises en difficulté.

Psychologiquement, je suis véritablement au fond du trou, sans voir une quelconque lumière, sinon celle de l'échec total et de la honte de me retrouver dans une telle situation et d'avoir embarqué avec moi tous nos salariés qui m'ont fait confiance ! Comment vais-je pouvoir nous sortir de l'impasse et de cette violence inouïe ?

Il m'avait alors livré quelques clefs simples et pragmatiques que je résumerais ainsi : repars d'une feuille blanche avec, comme seuls éléments factuels, l'état des lieux actuel. Donne le meilleur de toi-même dans cette épreuve tout en prenant soin de toi. Donne-toi techniquement toutes les chances de réussir. Toutes les actions doivent être réfléchies, argumentées et faire partie d'une stratégie précise, avec un objectif clair et défendable devant un tribunal. C'est un apprentissage à vitesse accélérée, sache que tu n'as aucune marge de manœuvre dans cette course à la survie de l'entreprise et des emplois. Au final, tu n'as aucune prise sur les décisions du tribunal qui sont sans appel. Alors, fais le maximum pour ne rien regretter.

Le décor est planté ! Ce combat dure deux années pleines avec des reconductions de six mois en six mois ponctuées par des audiences et des rapports d'avancement réguliers. Deux années particulièrement éprouvantes, mais les conseils de Frédéric résonneront chaque jour. Je l'en remercie chaleureusement. C'est une période pendant laquelle je pousse mon esprit, mon corps et mon cœur à leurs limites, puis encore au-delà. Je passe en mode ultramarathonien en faisant attention à mon alimentation, mon sommeil et mon activité physique. Je me réserve quelques rares temps calmes dans la tempête, qui, elle, gronde 24 heures sur 24 pendant de très longs mois.

Notre famille s'est agrandie en 2000 avec Mathys, puis Jeanne en 2003, et c'est très difficile pour nous six. Heureusement, mes proches et leur chère maman, que je remercie de tout mon cœur, restent un soutien précieux et inconditionnel, même s'il est très délicat pour moi d'en parler tellement je le vis mal. Je suis très exposé et vulnérable. Pendant cette période, je change et me remets complètement en question. Et c'est avec une forme de soulagement que je me tourne à nouveau vers les autres. Je suis redevenu accessible. Je retrouve mes repères internes. Paradoxalement, je me sens plus aligné que jamais avec mes valeurs malgré la situation. Liberté, authenticité et respect. La relation humaine va jouer un rôle clef.

Dans l'entreprise qui a réduit en taille, nous basculons inconsciemment d'une équipe à une tribu qui se serre les coudes, au prix parfois du sacrifice individuel. Les salariés, à la très grande majorité, me soutiennent dans mes décisions et mes choix. Les premiers départs de l'entreprise sont volontaires, ils vont lui permettre de survivre, pour pouvoir être ensuite reprise par un nouvel actionnaire. Pour respecter ces restrictions financières drastiques, tous les associés historiques quittent d'un commun accord la société et leur poste de Direction. Je poursuis seul l'aventure à la tête pendant cette période transitoire. Enfin terminées nos décisions collégiales avec parfois de mauvais compromis pour satisfaire les ego ! Les coûts sont diminués comme jamais pour retrouver une gestion assainie et pouvoir conserver un maximum de salariés. Pas tous, malheureusement. Même si j'ai régulièrement été sollicité pour relancer des projets dans ce domaine d'activité, j'ai préféré rester un observateur expérimenté. Et plutôt que d'être amer, je suis assez fier de voir tous ces nouveaux entrepreneurs issus des rangs de Green Cap. L'histoire a été écrite une première fois, il faut maintenant passer à autre chose. Tout cela m'a permis d'évoluer, de me remettre en question et pourquoi pas de rebondir avec plus de sagesse et de vécu.

Les textes de mes enfants décrivant leurs souvenirs me parviennent un à un. Ils ne pouvaient pas s'en rendre compte, mais, dans ces phases difficiles que nous avons traversées, je les ai toujours observés avec amour, et une forme de nostalgie de l'enfance et de leur innocence. Encore aujourd'hui, leur simple présence, ou penser à eux me touche profondément.

Alors, quand mon cher Erwann, l'artiste créateur 100 000 Volts de la fratrie, m'envoie son message, je savoure déjà le moment avant même de lire ses mots, au calme :

« J'aurais bien raconté cette fois où j'ai appris à la dure que les ruisseaux de montagne dissimulent derrière leurs airs bucoliques des courants vicelards et bien trop puissants pour le gamin que j'étais, passant d'un état vertical et vaillant à son penchant l'état ballottant et horizontal, retenu par la seule poigne de mon père, sous le regard hilare de mon grand frère. Mais ayant le chic pour faire les choses au dernier moment, on m'a dit que, là-haut on commençait à en avoir assez des anecdotes randonnesques (même si apparemment c'est là où le paternel brillait le plus par ses gloires, comme ses déboires).

Voici donc un extrait de liberté plus proche du niveau de la mer, et pour cause. Impossible pour moi de retracer la date exacte, mais on devait être sur une petite fin d'été. J'étais le seul de la fratrie à la maison, et je m'apprêtais à appliquer le programme surchargé de tout enfant en fin de vacances ayant épuisé tout son arsenal d'idées patiemment accumulées au fond de l'ennui des salles de classe :

s'allonger sur un transat et regarder le temps qui passe (sans doute armé d'un livre, mais l'après-midi ne s'annonçait en tous cas pas, ou que très peu, mémorable). Autant le dire, quand mon père est arrivé avec sa proposition de faire de la planche à voile, j'étais loin d'être enchanté. Mais je dois bien reconnaître qu'il était dur de trouver des arguments valables pour défendre mon envie de buller face à l'irrésistible appel du sel qui gratte, du sable qui gratte, et de l'eau qui commençait à devenir bien fraîche. Nous voilà donc dans le fourgon, les planches chargées, le pied au plancher, direction la plage pour plancher. Le vent soufflait dans les fenêtres ouvertes, on était dans la caisse, on allait juste passer du bon temps, et la musique qui passait était "Walk on the Ocean" de Toad The Wet Sprocket. Les musiques sont pour moi des souvenirs, des tranches de vie. "Running Up That Hill" de Kate Bush au fond de la voiture pendant un déménagement, à dire adieu à ses repères. "Sally McLennane" des Pogues, perdus dans la nuit à la recherche d'un observatoire, où les marshmallows trempés dans du chocolat chaud avec mes potes m'ont plus marqué que les étoiles pourtant magnifiques.

Papa m'a raconté comment il écoutait cette musique en allant faire de la planche, comment ils dessinaient leurs boards au fond de la classe au lieu d'écouter, il avait des étoiles dans les yeux et de la liberté dans la voix. Cette musique, pour moi, c'est cette ivresse de liberté, cette envie de juste profiter du moment et de la vie. Cette musique c'est foncer sur les vagues en oubliant ses soucis, rider de la poudreuse en ayant l'impression de voler, dévaler une pente sur son VTT en priant pour que les cailloux ne te la mettent pas à l'envers en se détachant. C'est un magnifique souvenir d'une magnifique après-midi où au lieu de ne rien foutre j'ai appris à être libre. »

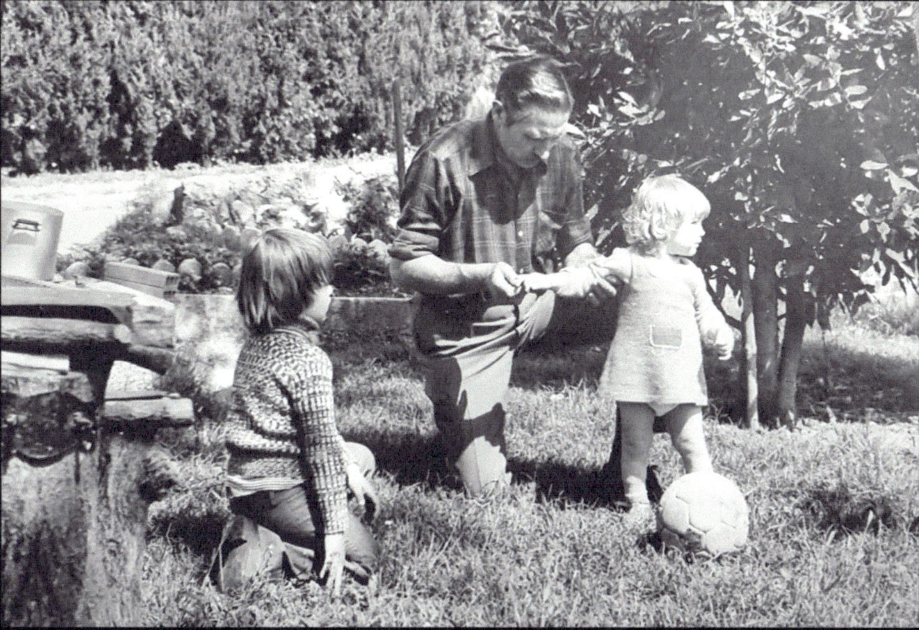

Avec ma sœur Karine et mon grand-père Paul dans son jardin magique.

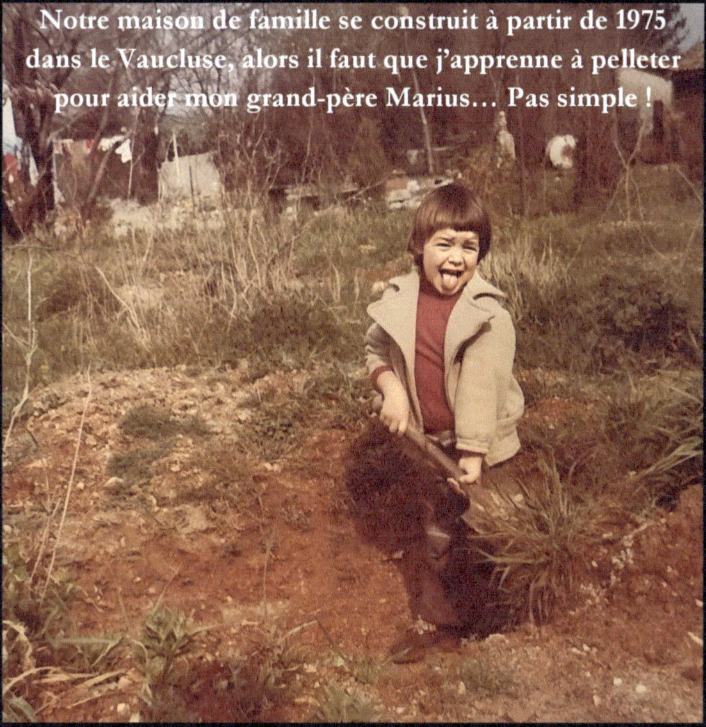

Notre maison de famille se construit à partir de 1975 dans le Vaucluse, alors il faut que j'apprenne à pelleter pour aider mon grand-père Marius… Pas simple !

Repas familial à la Pérussonne à Aubagne avec maman et ma grand-mère.
Le monde agité des adultes me laisse pour le moins perplexe.
(Ci-dessous) Avoir une petite sœur… Haute voltige entre Amour et espièglerie !

Sous l'œil du paternel et de mes chers grands-parents, balades en mer,
comme en montagne, pour des randonnées parfois interminables !

Les îles du Frioul, rade de Marseille

Notre voilier Tiahura entre soleil couchant…

Et tempête de mistral au large du Cap Sicié.

Programme très chargé à

l'École Centrale de Lyon...

Snowboard,

voile, rugby,

notre asso Voiletec

et ingénierie

Premier brevet déposé fin 1993

à l'INPI avec cette voile que

l'on imagine « révolutionnaire » !

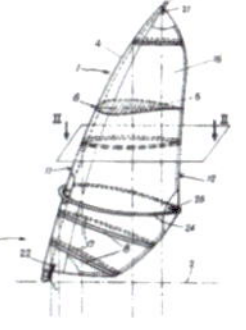

(19) RÉPUBLIQUE FRANÇAISE

INSTITUT NATIONAL
DE LA PROPRIÉTÉ INDUSTRIELLE

PARIS

(11) N° de publication : **2 714 355**
(à n'utiliser que pour les commandes de reproduction)

(21) N° d'enregistrement national : **93 15773**

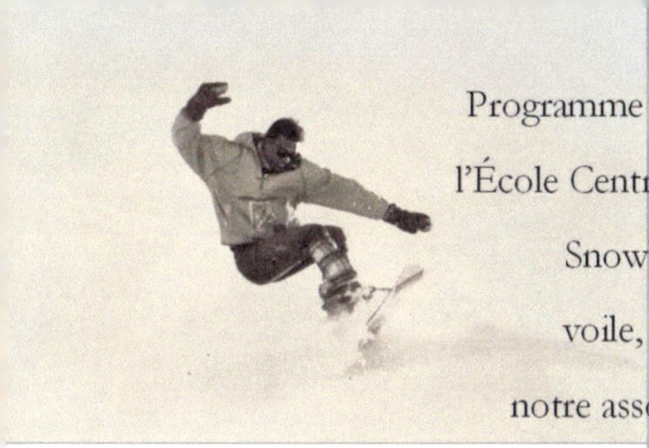

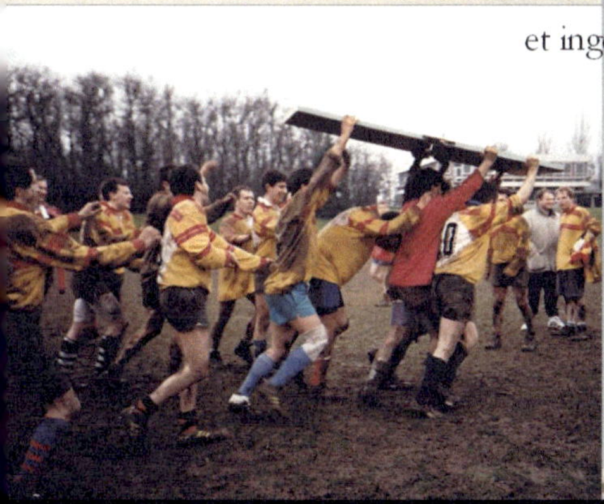

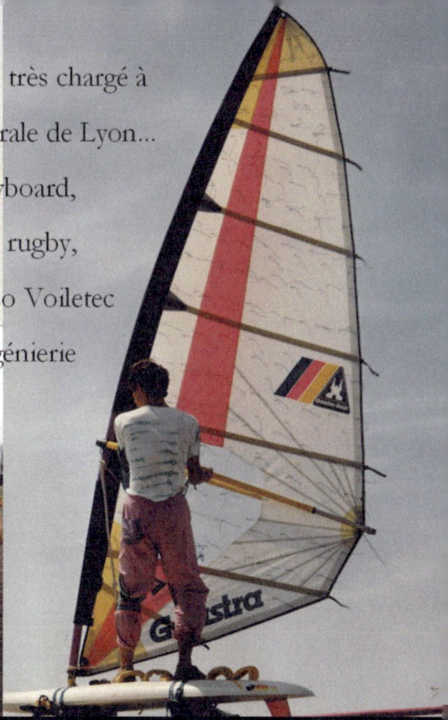

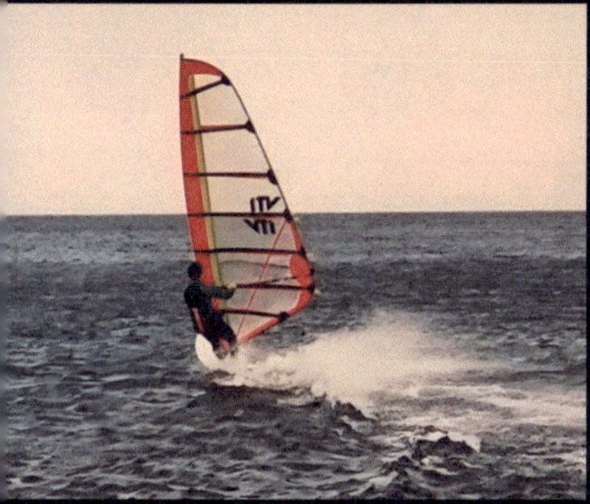

(51) Int Cl⁶ : B 63 H 9/06, B 64 C 3/00, 39/10(B 63 H 9/06, B 63 B 35:79)

(12) **DEMANDE DE BREVET D'INVENTION** A1

(22) **Date de dépôt** : 23.12.93.

(30) **Priorité** :

(43) **Date de la mise à disposition du public de la demande** : 30.06.95 Bulletin 95/26.

(56) **Liste des documents cités dans le rapport de recherche préliminaire** : *Se reporter à la fin du présent fascicule.*

(60) **Références à d'autres documents nationaux apparentés** :

(71) **Demandeur(s)** : *Association loi 1901 VOILETEC* — FR.

(72) **Inventeur(s)** : Amerigo Marc, Ferton Emmanuel, Girard Etienne et Roussel Samuel.

(73) **Titulaire(s)** :

(74) **Mandataire** : Cabinet Beau de Loménie.

(54) **Aile épaisse de propulsion ou de sustentation et engin équipé d'une telle aile.**

(57) - L'invention concerne une aile épaisse de propulsion ou de sustentation destinée à équiper un engin propulsé ou sustenté par le vent.

- L'aile selon l'invention comporte au moins un profil épais (5) équipé de moyens (6) assurant leur pivotement autour d'un mât (4), sensiblement à partir du bord d'attaque jusqu'au bord de fuite et une enveloppe (15) présentant une nature souple ou semi-rigide pour autoriser un décalage de position entre les profils épais (5), en vue d'obtenir un vrillage de l'aile.

FR 2 714 355 - A1

Je retrouve mon amie astronaute Jeanette Epps au Kennedy Space Center (Floride), puis dans l'espace lors de son vol de 235 jours à bord de l'ISS en 2024.

Ci-dessus avant son lancement avec notre professeur émérite Dr Chopra, 30 ans après mon passage à l'University of Maryland (USA), et ma maman (à droite).

Mes enfants, Quentin, Erwann et Mathys, grandissent et me font reprendre le judo. Notre fille Jeanne, est alors une jeune Princesse au pays des garçons !

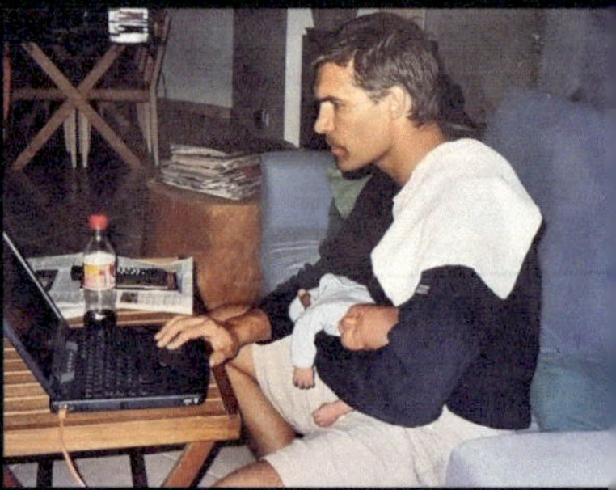

NASA

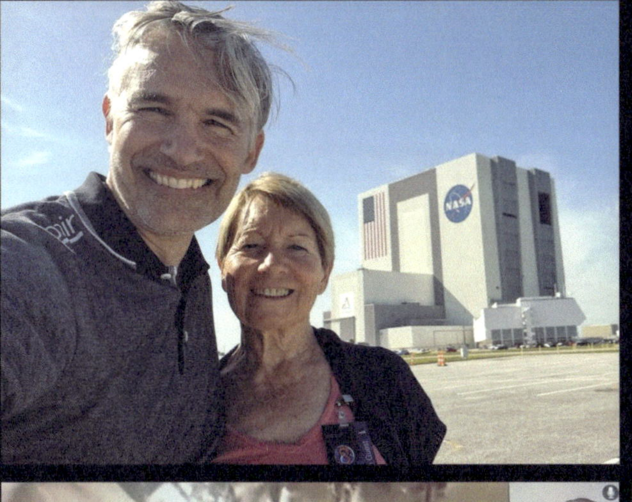

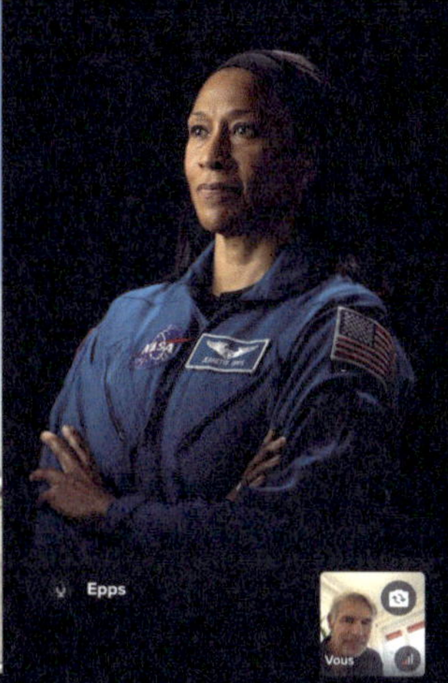

Epps
Vous

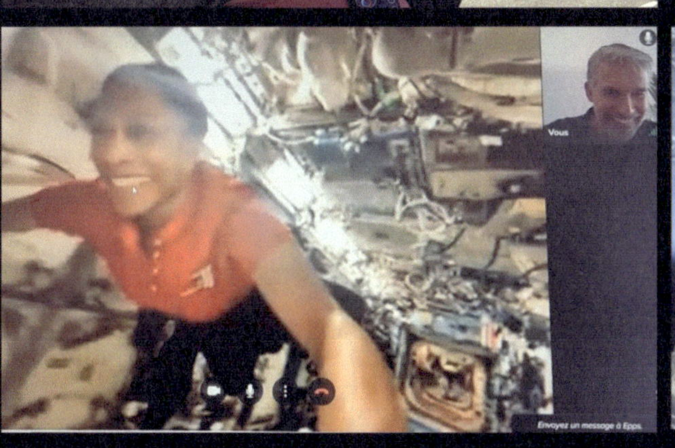

Vous
Envoyez un message à Epps.

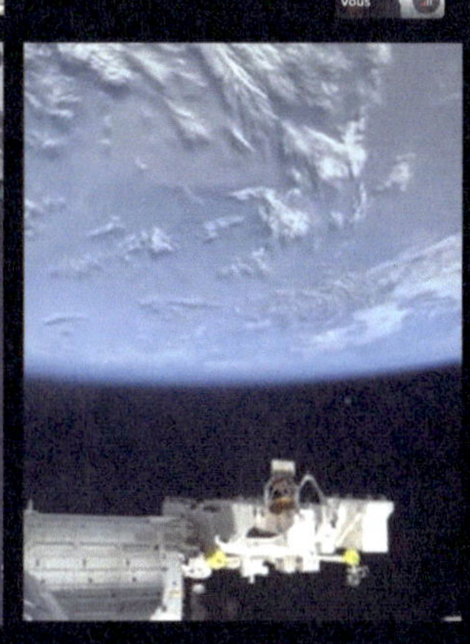

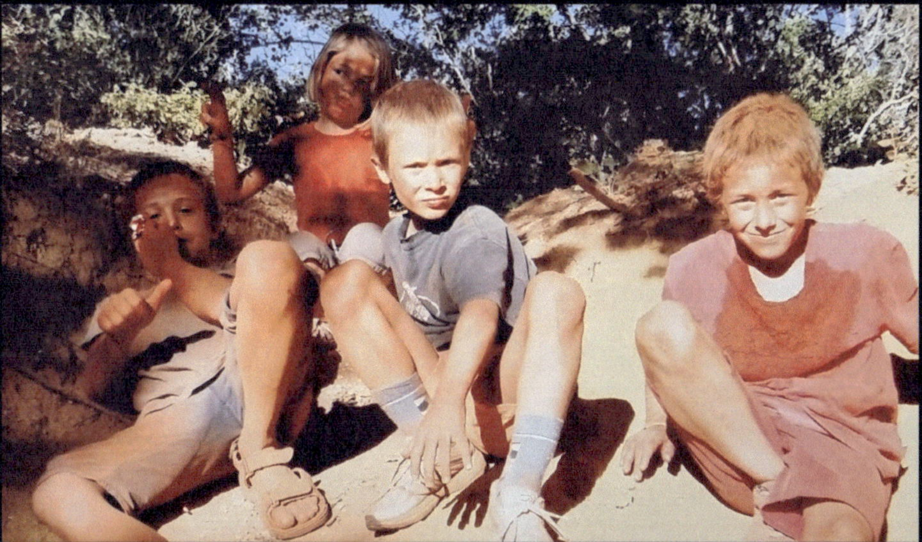

Divers travaux de confinement en industrie et d'ingénierie dans les sports extrêmes, ici à gauche avec Éric Barone.

Ci-dessous un chantier de construction critique en Afrique du Sud, et une formation mémorable au métier du confinement thermorétractable.

(À droite) Notre brief d'équipe pour préparer la prochaine tentative de record. Également Éric, hiver 1998, avec son premier prototype de vélo caréné. Conférence sur « Performance et Force du Collectif dans un monde incertain ».

UltraPerformance
through Human Empowerment

Vars Vars Vars Vars
Vars
Vars
Vars

D.M.H.
MAVIC

2015 et 2017, nouveaux records de vitesse avec Éric Barone : 227,72 km/h.

2016 un « éclair » hors norme sur la piste de KL de Vars, avec cette descente à la pleine lune, où dimensions techniques et humaines communient avec la nature.

Rêves de voyage dans l'espace et inspiration du Petit Prince en ouverture de conférence sur les défis de l'humain face à l'innovation technologique.

Nos enfants grandissent et nous prenons de l'âge ! Ci-dessous de gauche à droite : mon père Michel, mes garçons Erwann et Mathys, mon frère Ludovic, ma sœur Karine, puis mes enfants Quentin et Jeanne. Pensée aussi pour ma nièce Maïa.

Les passions de la mer et de la performance nous ont rapprochés pour fonder Zephir Project. Antoine Albeau est une légende et le sportif français le plus titré (26 fois Champion du Monde). Pierre Schmitz, notre jeune champion français.

Technologie et plaisir ! Windsurf, speed, windfoil, wingfoil... Sea, sand and sun !

La famille Schmitz

Antoine dans sés œuvres !

Club de voile d'Antoine, ses parents et les moniteurs de la saison 2024.

Équilibre rime avec bonne humeur, humilité et grande sagesse avec Hermès.

Aux côtés de Matthieu Ricard et Hermès Garanger lors de l'exposition photos « Hymne à la Beauté »

Ingénierie avec les pilotes d'Alten, soufflerie et technologies du cinéma, pour comprendre les phénomènes physiques complexes dans l'air et l'eau.

Visualisation des écoulements à l'IAT-CNAM avec Alexis (ENSTA Paris) et Gilles, et chez ACE. Essais en mer, où les chutes sont rares, mais violentes.

Respect à cette DreamTeam de champions :
Julien « Wesh » Taboulet, Antoine A2 « Terminator », Ponpon, Thierry Bielak « Le Menhir », Cédric Bordes « le Sudiste » et Momar « Mimmo » Diagne.

Simplicité et complicité, certainement une de nos forces pour franchir cet Everest nautique qu'est Zephir Project : allier très haute performance et écoresponsabilité.

Passion, sérieux et engagement sont des moteurs extraordinaires pour y parvenir.

Pratiquer des sports au contact de la nature, privilégier les liens humains ou encore innover avec des technologies durables, représente de beaux piliers de vie à explorer pleinement, pour en partager les valeurs.

6 – Milieux extrêmes et premiers records

L'univers des sports extrêmes est très particulier. Très souvent il s'agit de vitesse, de s'envoler dans les airs et de se procurer des sensations fortes. Longtemps assimilés à des kamikazes de l'espèce humaine, ces passionnés s'éloignent des sports les plus populaires. Souvent, au départ, c'est pour se sentir exister et montrer socialement leur différence. Cela amène une profonde transformation, aussi bien au niveau du corps que de leur état d'esprit. Ce fameux « Mindset » si puissant qui permet de se dépasser et d'atteindre une forme de nirvana sensoriel et émotionnel. Des décharges hormonales qui touchent à l'addiction.

À cette dimension très humaine, vient se coupler la dimension technique qui est un vrai challenge. Dans ces sports, le matériel évolue avec les progrès des plus grands champions. Très concrètement, la sécurité s'améliore au fil du temps. Les pratiquants font avec le savoir-faire du moment et jouent avec les limites. Chacun essaie de donner son maximum en toute (in)conscience, le « in » étant à la discrétion de chacun. Depuis le début des années 80, j'ai eu la chance de voir de nombreux sports apparaître, se développer, avoir plus ou moins de succès pour ensuite se professionnaliser pour certains. Le VTT, le windsurf, le skateboard, le snowboard, le monoski, le ski modernisé avec des formes paraboliques, le parapente, la chute libre, le speedsailing, le kitesurf… Le wingfoil est apparu récemment avec ces disciplines qui se réinventent en utilisant des foils. Évidemment, j'ai à peu près tout testé, en-dehors du base-jump et wingsuit… Pour avoir testé la chute libre d'un avion, sauter dans le vide, c'est presque pour moi un suicide organisé ! Très peu pour moi !

Au fil des années, le sport extrême s'est structuré, il s'est professionnalisé dans toutes ses dimensions. À présent, le marketing est pris en compte dès le lancement d'une discipline. Le matériel mis sur le marché est particulièrement étudié, les sportifs de haut niveau sont sponsorisés pour leur image. Grâce en particulier à la présence de quelques acteurs majeurs comme RedBull, c'est toute une machine financière qui est entrée dans la danse. Cette ambiance de copains aventuriers qui se font plaisir a laissé la place à de gros enjeux économiques. Sans la « bonne étoile » des médias, point de salut pour une nouvelle pratique. Par contre, cette surexposition médiatique entraîne une très grande attention sur la sécurité et les développements techniques. L'ingénierie et la gestion de projet deviennent des alliés indispensables pour les champions. Ce qui me frappe à leurs côtés, c'est de voir le grand soin qu'ils apportent à leur matériel dans son développement et sa préparation. Il est important d'avoir en tête que les accidents mortels de ces aventuriers des sensations sont très rarement dans des moments de performances élevées, mais plutôt dans des activités routinières pour eux. Leur pensée part ailleurs, et la petite erreur est fatale.

Cette capacité à garder son focus en toutes circonstances est particulièrement difficile. Notre cerveau et notre esprit ont une telle puissance, qu'il est beaucoup plus facile de se disperser que de rester 100 % dans le présent sur l'action en cours. Au-delà de ce travail sur soi et de cette prise de conscience de chaque instant, il y a un point clef dans un projet, quel qu'il soit. Il s'agit de sentir ces moments ou ces périodes de flottement pendant lesquels l'essentiel pourrait être oublié au profit d'un évènement secondaire. Ces années dans les sports extrêmes, dans ma propre pratique ou dans cette exploration des limites humaines avec les plus grands, m'ont appris à reconnaître les signes de ces risques de dérive. Une forme d'écoute précise des signaux faibles, des petits détails qui parfois dévoilent les grandes tempêtes s'ils sont entendus. Ces instants où ces signes apparaissent sont cruciaux. Ils peuvent être annonceurs d'une tragédie.

J'ai retrouvé le parfait parallèle dans le monde de l'entreprise. Lorsqu'une organisation est en difficulté sur un plan humain, ce ne sont plus des signes que l'on perçoit en y entrant, mais des cris sourds qui jaillissent d'un peu partout, parfois d'une violence inouïe. Le système est mis sous contrainte par des outils de pilotage, par exemple, mais avoir l'oreille attentive aux réactions des acteurs du système ne fait pas vraiment partie de l'équation. Dans ces conditions, les personnes s'adaptent, ou s'excluent et abandonnent.

Dans les sports et les milieux extrêmes, nous devons impérativement apprendre à écouter ces petits signes. Sans cela, nous nous contenterions de poursuivre aveuglément et nous exposer sans même le savoir. Il en va de la vie de l'un ou plusieurs d'entre nous.

Ce jour-là de 1997, tout juste embauché chez Fournalès Suspensions, je travaille à l'atelier avec Élie, qui me forme sur le démontage de fourches et d'amortisseurs. Il me prévient qu'un champion de descente en VTT vient nous rendre visite pour son projet de record du monde de vitesse. Je sais juste qu'Éric Barone est une grande figure des sports extrêmes. Élie m'apprend que c'est Éric qui a doublé entre autres les fameuses cascades en scooter dans le premier film *« Taxi »* de Luc Besson. Cela ne vous rappelle peut-être rien, mais cette visite éveille grandement ma curiosité. Éric arrive à l'entreprise et passe un moment avec Jean-Pierre Fournalès. Il est à la recherche d'un partenaire pour lui fournir et préparer ses suspensions de vélo.

Après un temps, je m'approche pour discuter avec lui de sa discipline. Le principe est assez simple. Comme en ski, après une descente en ligne droite sur une piste bien préparée et sécurisée, la vitesse moyenne est mesurée en bas de pente entre deux lignes espacées de 100 m. Il existe quelques rares lieux sur la planète adaptés au kilomètre lancé, qui permettent de monter progressivement en altitude pour gagner en confiance. Plus on part de haut, plus on emmagasine de l'énergie grâce à la gravité. Caractéristique particulière au vélo sur neige, la surface d'appui au sol doit être réduite pour limiter les frottements. Cela nous impose de pratiquer ces runs très tôt le matin, lorsque la couche est encore dure comme de la glace. Le projet d'Éric est de battre le record du monde à plus de 210 km/h.

Nous échangeons longuement sur les contraintes techniques de la piste, sur l'architecture de son VTT et les problèmes qu'il rencontre. Il s'avère que les suspensions Fournalès sont adaptées à merveille à son besoin, puisqu'il descend à très vive allure sur un sol lissé, mais imparfait. Cette technologie est idéale pour exprimer tout son potentiel. Malgré tout, plus je parle avec Éric, et plus je me dis qu'il faut repousser encore davantage les limites en travaillant également sur le design du vélo. À ces vitesses-là, ce doit être infernal à piloter sans un carénage[22]. Éric est une force de la nature, mais pourquoi ne pas s'affranchir de ces turbulences au maximum et lui apporter une forme de confort dans la performance ? C'est là que je lui propose l'idée d'optimiser l'aérodynamique et sa réponse est immédiate : *« Allons-y ! »*

Nous sommes en 1997, et sans budget prévu pour cela, la meilleure solution est de se lancer avec les moyens du bord pour fabriquer ce carénage « à l'ancienne ». Comme pour un flotteur custom de windsurf[23], me voilà à mettre en forme ces pièces avec des pains de mousse, des tissus de verre et de la résine époxy. Je m'inspire de profils aéronautiques, nous faisons en sorte que l'ergonomie pour Éric soit optimisée. En quelques semaines, un tout nouveau prototype voit le jour. Il combine son vélo de record à des suspensions révolutionnaires et un look digne des motos de Grand Prix ! Un savant cocktail qui nous amuse bien avec toute la fougue et l'inconscience qui nous habite. Le design est magnifique, nous sommes tous très contents du résultat. Les tentatives cette année-là, en 1998, se font dans la station de Vars dans les Hautes-Alpes françaises. Éric est prêt, le VTT est opérationnel d'après les techniciens, pour ma part, le carénage est bien en place, il ne reste plus pour Éric qu'à se lancer… Je suis au départ en retrait de l'équipe, pour valider sa position aérodynamique et observer cette tentative.

Cette discipline du vélo de vitesse, qui se classe dans la famille des sports dits extrêmes, n'a débuté que deux ou trois ans plus tôt avec des pilotes qui ont rapidement atteint 150 km/h. L'ambiance est

---

[22] Comme pour une moto, on vient habiller le châssis du vélo avec des formes performantes aérodynamiquement.

[23] Flotteur de planche à voile fabriqué à façon pour une personne, « customisé » dans sa forme, sa décoration, son programme…

vraiment bon enfant malgré la prise de risque. Chacun innove avec ses idées, les moyens du bord, puis se lance pour tester sa dernière invention. Nous faisons comme les autres avec Éric que rien ne ralentit, même si au fond de lui c'est chaque fois un défi personnel pour surpasser ses peurs. Je ne l'apprendrai que longtemps après. Mais il est inarrêtable, incassable ! Il va encore le démontrer avec ce vélo prototype qui va nous jouer des tours. Éric est tombé très peu dans sa carrière, c'est un pilote exceptionnel, un vrai chat sur n'importe quel engin qui roule, mais lorsqu'il chute, il ne fait pas dans le détail !

Je me souviendrai toujours de cette image depuis le départ du run. Éric s'élance parfaitement au *« GO »*, on le voit prendre une vitesse phénoménale, puis faire de grands zigzags sur la piste, un effet d'optique c'est sûr… Puis, tout à coup, on discerne un petit point rouge catapulté en ligne droite et un morceau qui semble s'éjecter. Étrangement, ce point rouge poursuit sa course très loin après les cellules. Mais que s'est-il passé ? Éric a chuté de façon incompréhensible. Le matériel l'a trahi. Un réglage de pression de l'amortisseur insuffisant a provoqué un frottement de la roue dans le carénage, qui s'est amplifié au moment du freinage. Instabilité de l'arrière qui chasse de droite, de gauche, sans qu'Éric arrive à reprendre le contrôle. La course folle se poursuit jusqu'au moment où cette roue avant s'est bloquée dans la piste. Éric est éjecté à environ 200 km/h comme une balle de fusil, pendant que le vélo, lui, s'envolait à une bonne dizaine de mètres de haut. Le point rouge que l'on a vu partir à l'horizontale, c'était bien notre Baron Rouge ! Il finit tout de même deuxième à 210 km/h, tout juste derrière son rival de toujours, alors maître de la discipline : Christian Taillefer. Détail étonnant, Christian est originaire d'un village voisin du nôtre dans le Vaucluse, là où se trouve le célèbre Colorado Provençal, terrain de jeu extraordinaire aux couleurs ocres envoûtantes sous le soleil. Pourtant, nous ne nous étions jamais rencontrés avant cette compétition !

C'est bien parce que, ce jour-là, Éric a su innover, encore une fois, en intégrant à sa combinaison des protections contre les frottements de la piste, qu'il s'est relevé sans aucune brûlure ni contusion. Il nous confie même que, pendant toute sa glissade, il s'est stabilisé sur le dos, en parfait contrôle. Un vrai phénomène ! Grâce à cette chute, les coureurs en skis adopteront sa solution pour une meilleure sécurité. Côté technique, nous avons tous appris malheureusement aux dépens d'Éric. Ce travail exploratoire sur l'aérodynamique devient la base de réflexion pour nos futurs records du monde. Par contre, la mécanique du vélo est le point noir de cette première aventure commune. Les vitesses atteintes sont telles que le matériel est soumis à rude épreuve, hors des standards habituels. Nous nous sommes fait piéger par ces inconnues.

Cette chute est un avertissement sans conséquences, qui nous permet de corriger les erreurs techniques. L'équipe autour d'Éric poursuit sa quête des sensations et des exploits avec un nouveau prototype en 1998 pour les prochaines années. Il ne s'agit plus d'un cadre de vélo de série, mais d'un engin exclusivement dédié à la vitesse sur neige. Nous sommes dans la course à la performance pure et les records du monde s'enchaînent en 1999, puis en 2000 avec un 222,22 km/h incroyable. Éric aime bien jouer avec les chiffres !

Les moments sont intenses au sein de l'équipe, nous sommes dans le dépassement absolu avec ce trompe-la-mort que rien n'arrête. Il est incassable. Le magnifique livre biographique *« Éric Barone : Le Baron Rouge »* écrit par Valérie Pointet est une mine d'anecdotes et de détails. Quatre années de travail de fourmi et d'interviews qui permettent de comprendre sa perception de la vie et son engagement le plus total. Éric fait partie intégrante de nos existences, il est à la fois un ami, un confident, mais aussi un super héros des temps modernes. Il est charismatique, il trace sa route et que ceux qui l'aiment le suivent. L'amour des autres est son moteur et sa raison d'être. C'est fort louable, mais, revers de la médaille, ce mode de management basé sur l'affect peut parfois nous jouer des tours dans le discernement et les choix faits.

En mai 2002, une partie de l'équipe se retrouve avec Éric sur les pentes du volcan Cerro Negro au Nicaragua. L'objectif est d'établir un nouveau record du monde de vitesse en VTT sur cette piste qui est très régulière et bien adaptée à une tentative sur terre cette fois. Plusieurs jours sont tout de même nécessaires pour préparer le terrain et le rendre le plus homogène possible. Le sol est volcanique, fait de cendre de lave. Pour ma part, je suis l'expédition depuis la France où j'ai dû rester pour mon travail.

Éric procède aux premiers essais avec un vélo de descente de série et atteint rapidement les 160 km/h. Personne sur place ne s'attendait à de telles vitesses avec ce VTT basique, sans travail aérodynamique. La barre est alors placée très haute sur terre et l'objectif reste bien de battre ce record avec le vélo prototype flashé à 222 km/h sur neige deux ans auparavant. Il va devoir pousser sa machine aux limites pour ramener le succès escompté à ses partenaires. Éric est aussi un chef d'entreprise, et il doit rendre des comptes, comme il le dit souvent. Mais quelques doutes apparaissent sur la solidité du cadre après quatre runs sur cette piste difficile. Sur place, Éric et son technicien décident de poursuivre la tentative. Ils ne mesurent pas vraiment la prise de risque. Concentré sur son objectif, Éric se met en danger. Il s'élance à nouveau, donne tout, sa descente est fluide, le record est là et encore d'actualité en 2025 ! Pourtant…

La deuxième cellule est positionnée sur une légère cassure de pente du volcan, qui provoque une forte compression. Éric y passe à pleine vitesse. En même temps que s'affiche ce temps de record de 172 km/h, il reçoit un coup de bazooka, dira-t-il plus tard. La colonne de direction explose, le vélo se plaque au sol, et Éric est projeté face contre terre et rebondit à plusieurs reprises. Il part en roulé-boulé sur une centaine de mètres, tel un pantin désarticulé par la violence du choc. Sans fin.

Pour gagner quelques kilomètres-heure, sa combinaison et ses ailerons sont lestés. L'énergie libérée est énorme, ils aggravent l'accident et les arrachements musculaires. Notre ami Marco, photographe professionnel, passe les heures qui suivent à lui parler pour qu'il ne perde pas totalement connaissance. Il lui asperge sans cesse le visage à l'arrière du pick-up 4x4 qui les emmène vers l'hôpital de campagne le plus proche. Le lieu serait presque parfait, s'il n'était pas au milieu de nulle part. Après cet enfer sur les chemins de forêt défoncés, Éric doit patienter plusieurs jours dans une chambre sans soins particuliers, attendant de voir s'il reste en vie.

De mon côté, je suis chez moi lorsque je découvre les images impressionnantes du crash dans les médias sans aucune autre information pour le moment sur la santé d'Éric. Ces images sont si spectaculaires, qu'elles font le tour du monde, relayées de partout sans que nous puissions savoir depuis la France s'il s'en est sorti. Son corps a été broyé par la violence du choc et ils craignent de nombreuses hémorragies internes. Malgré la gravité, Éric survit miraculeusement à son accident, mais il mettra six années pour se reconstruire et dix ans avant de remonter sur un vélo de vitesse. En 2012, il veut se prouver à lui-même qu'il en est capable. Cette chute n'est pas liée à une faute de pilotage, la mécanique l'a trahi.

L'équipe a franchi les limites de la recherche de la performance pure, quel qu'en soit le prix. Les personnes impliquées dans ce projet, de près ou de loin, sont traumatisées. Nous avons tous une part de responsabilité dans cet accident et dans cette course sans fin. Nous apprenons tous sur notre approche du sport extrême et des conséquences d'une erreur, quelle qu'elle soit. Il nous faudra tous des années pour revoir ces images qui, pourtant, sont une vraie leçon de vie. Assumer un échec collectif est particulièrement difficile, surtout quand la faute n'incombe pas clairement à un individu. Un mal pour un bien. Un champion qui a un rêve fou, des amis qui s'engagent à ses côtés et la perte collective de nos repères individuels. Personnellement, cet accident me marquera à vie, non seulement dans ma perception des risques dans les sports extrêmes, mais aussi dans ma gestion des projets et des hommes.

Le prix à payer peut être très lourd, et, comme une leçon de ce crash, je vois trois clefs à observer, réfléchir et partager :

– Quand un changement intervient dans une organisation, tout bouge. Et chacun doit y trouver une position différente. Vouloir la figer est un facteur de blocage et d'échec.

– Être à l'écoute des petits signes, de tous les petits signes, quelle que soit leur origine. Ils sont les prémices des gains ou des pertes de demain.

– Savoir dire *« Non »*, même « au pied du mur », et surtout quel que soit le niveau d'engagement personnel et collectif, qui peut nous influencer ou « forcer » la décision.

Ces points, pourtant simples au premier abord, sont particulièrement difficiles à appliquer sur le moment. Car la performance pure est une sorte de frénésie qui nous fait perdre nos repères. La puissance des émotions, l'adrénaline, l'euphorie du succès ne doivent plus être une quête au péril d'une vie, d'autant plus si ce n'est pas la sienne. Une chose est sûre, la méthode doit évoluer, plus jamais je ne veux retraverser un moment pareil. Il n'y aura pas de deuxième chance.

Alors qu'Éric s'éloigne de la compétition et des records pour se reconstruire, nos chemins s'éloignent quand je m'engage en 2003 dans la folle aventure industrielle de Green cap. Suite à nos déboires économiques à partir de 2008, je dois composer avec le nouvel actionnaire qui prend la main sur la société. Comme souvent dans un tel cas, nos visions divergent. Naturellement, je n'y ai plus ma place. Je retrouve toute mon autonomie en 2012 en créant ma propre structure EngiNova, seul cette fois. Sans aucun regret, c'est la meilleure façon de clôturer ce chapitre de dix années. Comme nous l'avons vu précédemment, cette expérience a été particulièrement riche par le fait d'avoir tout poussé à l'extrême en mode tentative de record du monde. Je n'ai pas encore su tirer toutes les leçons du terrain ou de mes grands-pères. Rien ne sert de courir, il faut bien entendu partir à point. Mais également avancer au juste rythme, faire les bons gestes, en toute sécurité et appréhender parfaitement ce qui nous entoure. Ce faux rythme lent qui permet d'être en harmonie avec soi-même, les autres et son environnement. Pour le moment, j'apprends, mais je continue à avancer à marche forcée dans mes projets.

Ma société d'ingénierie EngiNova me permet d'être créatif et de piloter des projets innovants dans les milieux dits complexes, que ce soit en industrie ou dans les sports extrêmes, comme pour Zephir Project. Cette structure est minimaliste, mais elle a pour vocation de mettre à profit ces quelque trente années d'expérience. Ma vision est de faire travailler ensemble différents acteurs autour de challenges communs. Chacune est spécialisée dans son domaine, et mon objectif est de croiser leurs compétences et leurs ressources. En m'appuyant sur mon réseau, je réponds à des problèmes spécifiques avec des solutions techniques et organisationnelles. Après avoir approuvé l'approche, je dirige le projet de bout en bout, par exemple en tant que représentant d'un groupement temporaire d'entreprises. Dans les phases critiques, j'aime aller régulièrement sur le terrain, pour exécuter certaines étapes sensibles avec les équipes. J'adore ces variations de situations, un temps en costume avec les décideurs, puis en bleu de travail avec les intervenants. J'ai d'ailleurs horreur de la routine, je me suis créé un mode de fonctionnement bien à moi dans lequel je me sens bien. Au sein d'une même entreprise, j'observe des points de vue parfois surprenants de dissonance ! Pourtant, ces organisations industrielles ou de la construction affichent souvent des résultats financiers insolents… Alors, avec le potentiel d'engagement humain supplémentaire qui est là, dormant, et parfois anesthésié par le système, il y a encore de la réserve pour faire face à la prochaine révolution économique. Au-delà des actionnaires, cela pourrait servir le bien de tous, c'est mon intime conviction.

Deux voyages m'ont particulièrement marqué en 2012-2013 lorsque j'ai eu l'opportunité d'intervenir sur deux très gros chantiers.

Le premier se situe en Afrique du Sud au Nord de Johannesburg, il s'agit de la construction de l'immense centrale thermique de Kusili. 14 000 personnes (oui, quatorze mille !!!) entrent et sortent chaque jour du site pour faire sortir de terre cette usine pharaonique de production énergétique. Ses six énormes fours d'une hauteur de 130 mètres fonctionnent au gaz naturel et c'est alors un projet très stratégique pour Johannesburg et sa région.

Le second est en Nouvelle-Calédonie dans un site d'extraction minière de nickel du nom de Koniambo, situé au Nord de l'île. Environ 6500 individus vivent sur place, dont 2500 Chinois qui constituent la principale communauté de travailleurs. Leurs conditions sont particulièrement difficiles sur le terrain, et émotionnellement parlant, toutes ces personnes ne rentrent qu'une fois par an dans leurs pays que sont la Chine ou les Philippines. J'y reste deux semaines, mais je les entends compter les jours avant leur envol pour retrouver leur famille… À l'époque, personne ne connaît ce nouveau métier du confinement thermoplastique en Nouvelle-Calédonie. Mes amis Alexandre, Olivier et Alexandrine sont précurseurs dans l'activité, et mon rôle est de proposer des solutions techniques adaptées à leurs chantiers. Nous devrons les valider avec leur client final, former un nombre suffisant de personnes fiables et réaliser les travaux ensemble.

L'organisation de ces deux chantiers est pharaonique, tant dans le processus de construction, que dans la rigueur de gestion des ressources venues de toute la planète. Mais ce qui me marque le plus dans ces deux expériences est la confrontation extrême de ce monde industriel avec les populations locales aux repères ancestraux encore très présents. Nous voilà à devoir composer avec des personnes qui n'ont pas vraiment la même notion des engagements d'un contrat de travail. Certaines d'entre elles peuvent disparaître du jour au lendemain en laissant leurs bottes de chantier aux pieds de leur casier. L'image est assez surprenante en arrivant le matin pour retrouver les équipes, mais manifestement c'est une pratique courante. Une fois la paie touchée, s'ils ont un peu d'argent devant eux, pourquoi ne pas faire un break ? Sans prévenir personne, certains s'éclipsent pour se reposer pendant deux-trois mois, puis réapparaître pour simplement reprendre leur poste. Bon courage dans la gestion des ressources humaines !

Penchons-nous plus en détail sur Kusili près de Johannesburg, c'est une expérience bien particulière qui m'attend là-bas. J'y pars seul pour imaginer et mettre en œuvre un confinement de protection des zones sensibles au vent et aux particules de sable. Les opérateurs doivent réaliser des dizaines de milliers de soudures techniques dans les parties hautes des structures, à environ 120 m du sol. Et ils craignent de nombreuses malfaçons dans ces conditions difficiles. La tension est forte sur le site, car nous avons tout juste deux semaines pour mener à bien ces travaux complexes et très exposés aux intempéries. Après inspection des lieux, ce chantier s'avère être volumineux avec de gros enjeux opérationnels. J'estime avoir besoin de six à huit personnes qualifiées au métier du confinement pour cette mission.

Ce n'est pas une mince affaire, raison pour laquelle je demande à mon client, Michael, de présélectionner une dizaine de leurs salariés. Le principal critère est qu'ils aient déjà une bonne connaissance de l'industrie, et idéalement de ce site si particulier. Rendez-vous est pris un samedi matin à 6 h 30 pour les former pendant le week-end avant d'attaquer les travaux dans la foulée. Nous avons donc préparé un hangar pour l'occasion avec un échafaudage « école » pour faire découvrir à cette petite dizaine de personnes le métier du confinement thermoplastique. Pour poser ces films plastiques sur de grandes surfaces, il faut les chauffer avec de puissants pistolets à gaz propane, sortes de gros chalumeaux. Ce n'est pas sans risques, une formation solide et des personnes capables sont indispensables. Arrivé sur place, je sens le sourire un peu crispé de Michael, malgré ses mots rassurants… Surgissent alors deux minibus dont en descendent vingt-six Africains, pour la plupart en tongs et T-shirt. Je ne m'attendais pas vraiment à devoir gérer cette situation avec vingt-six villageois glanés çà et là via les connaissances et le bouche-à-oreille. Ils ont embarqué dans ces bus avec la simple perspective d'un travail.

Sans même imaginer qu'ils aient posé un orteil sur un site industriel, aucune de ces personnes n'a déjà mis un casque de chantier sur la tête, et encore moins l'ensemble des équipements de protection industrielle (EPI) obligatoires sur un tel site. Pour donner une idée des contraintes, j'ai comptabilisé jusqu'à 33 EPI différents que j'ai dû porter lors d'une intervention : casque, lunettes, plusieurs paires de gants, chaussures conformes, surchaussures, vêtements spécifiques, sur combinaison, harnais de sécurité, divers détecteurs de gaz, de particules… Et en cas de contrôle, mieux vaut avoir ces équipements sous peine de se faire exclure du chantier !

Quand on parle d'opération pompier, nous avons là un vrai cas d'école ! Ayant l'expérience de ce type de situation en France, je n'imagine pas plus d'un ou deux ouvriers que je pourrai embarquer avec moi sur le chantier. En conditions normales, former efficacement huit à dix personnes simultanément est déjà délicat. Mais en gérer 26 avec seulement 4 pistolets de chauffe (il en faudrait 15 et autant de bouteilles de gaz propane), c'est juste une très mauvaise blague pas très réjouissante sur le moment. Je prends un temps de réflexion, mais je n'ai pas d'alternative. Je commence par expliquer les grandes lignes du métier, le pourquoi… Surtout faire en sorte d'intéresser tous ces gens malgré les mauvaises conditions. Déjà quatre d'entre eux sont « disqualifiés ». Ils ne parlent pas un mot d'anglais ni le même dialecte ! Mais je préfère les garder avec nous, humainement, je ne me sens pas de les laisser sur le côté et de les renvoyer chez eux.

Je me rends compte rapidement que cette petite formation est en réalité une opportunité unique pour eux. Ils me portent tous une attention incroyable. Chaque consigne que je leur donne est assimilée et mise en pratique immédiatement. Ces personnes venues de nulle part me bluffent par leur implication. Sur les vingt-six qui participent, ce n'est pas une ou deux d'entre elles qui ont un niveau suffisant après 48 heures, mais dix-sept ! Oui, dix-sept ! Malheureusement, après ces deux jours intenses de formation, je dois annoncer à certains qu'ils n'auront pas ce travail alors qu'ils savent qu'ils ont répondu aux attentes. Un moment très difficile pour moi. C'est un recrutement d'une violence inouïe. Le bus les ramène déjà dans leur village.

J'ai la chance de pouvoir mener à bien ce chantier avec huit à dix d'entre eux qui en plus sont capables d'assimiler et de progresser de jour en jour. Cette motivation, cet engagement, cette soif d'apprendre, essentiellement pour que leurs proches puissent mieux vivre, c'est une leçon de vie et d'humilité. Autre culture, autre monde, mais humainement parlant, des valeurs profondes et universelles qui m'interpellent.

Cet enthousiasme naturel et cette envie de contribuer de la part de toutes ces personnes m'ont profondément marqué. Il y a de nombreux ressorts cachés à comprendre et à mettre en œuvre dans nos projets. Ces gens avaient tous besoin de ce travail, ce qui peut expliquer leur forte motivation. Cet engagement peut aussi se retrouver en situation de crise en milieu industriel, mais pour d'autres raisons, comme ici dans une centrale nucléaire française.

Changement total de décor et retour en France pour vous partager cette expérience très particulière avec un grand groupe énergétique. Nous sommes en 2015, dimanche de Pâques, 17 h, lorsque mon téléphone sonne. Au bout du fil, Marc, un responsable de projet que je connais bien, qui me dit : *« nous avons des difficultés sur un arrêt de tranche*[24]*, et j'ai pensé à toi, peut-être que tu as une idée. »* Je lui demande d'enchaîner pour comprendre : *« nous avons cinq jours pour trouver une solution de protection à l'intérieur d'un bâtiment réacteur, sans quoi nous risquons de contaminer le bâtiment pour longtemps et de très grosses pertes d'exploitation. Cela paraît impossible vu les contraintes, mais à ce jour, nous ne savons pas encore comment procéder.*

En cinq jours, il faudrait proposer plusieurs orientations techniques, en valider une avec la direction du projet, finaliser tous les documents nécessaires à l'intervention en milieu contaminé, puis approvisionner le matériel et faire les travaux. En tout état de cause, vendredi prochain, la solution choisie doit être opérationnelle ! Tu vois ça comment ? »…

---

[24] Une tranche dans une centrale nucléaire est constituée d'un bâtiment réacteur et de l'ensemble des bâtiments nécessaires à son bon fonctionnement. Lorsqu'un réacteur est mis à l'arrêt, c'est l'ensemble des bâtiments autour du réacteur qui sont impactés, on parle alors d'un arrêt de tranche.

Silence au téléphone ! Marc attend, et moi, je ne sais pas quoi lui dire en fait.

Face à une telle demande, j'ai bien conscience que l'enjeu est important, soit je m'engage et nous ne pouvons pas nous rater, soit je décline sans tarder. Il m'envoie des photos et croquis pour bien comprendre le contexte, sans trop rentrer dans le détail, j'imagine trois axes de réflexion. Ma méthode BrainShift© est particulièrement adaptée à ce genre de situation où le chaos et la panique prennent le pas sur le calme et la clairvoyance. Pour mettre en œuvre la solution que je préconise, pas d'autre choix que de s'approcher de la cuve du réacteur. Nous sommes en arrêt de tranche, cet endroit est devenu accessible, mais le temps d'intervention demeure très limité à cause du rayonnement ionisant[25]. A contrario, l'immense plancher qui entoure la piscine n'est pas très exposé aux radiations, nous pourrions y rester la durée nécessaire et ce serait notre zone de préparation. Mais je serai certainement le seul à pouvoir descendre dans cette fameuse piscine du réacteur, pour une raison toute simple : maîtriser les nœuds marins ! Qui l'eût cru ! Pas de doute, ce projet sera une aventure en soi.

Nous sommes très focalisés sur la solution technique, car l'opération est sensible à plusieurs titres. Au-delà des enjeux financiers énormes, en cas d'échec, nous devons respecter toutes les procédures qui vont nous permettre de faire les travaux. À commencer par cette réunion de Task-Force[26] à laquelle je suis convié pour proposer ma solution parmi plusieurs autres. C'est là que je rencontre Xavier Duez, le responsable de cet arrêt. Sa mission est très spécifique, ils sont très peu nombreux en France à assurer ce type de supervision, pas plus d'une dizaine sur un effectif de quelque 160 000 personnes. Un chef d'arrêt doit connaître l'installation qu'il prend en charge sur le bout des doigts, il doit être respecté des équipes, car c'est lui qui oriente toutes les décisions clefs pendant les travaux. La personne que je découvre à cette réunion est un manager comme je les aime : calme, déterminé,

---

[25] Autre terme utilisé pour décrire les radiations mesurées à un endroit donné.

[26] Équivalent à une cellule de crise regroupant les meilleurs experts pour résoudre un problème à traiter en urgence.

humble, à l'écoute, mais tranchant, et particulièrement pointu sur la technique. Une vingtaine de personnes participent à cette réunion, soit sur place avec nous, soit en visioconférence. Xavier mène les débats et demande à chacun de présenter sa solution pour les cinq prochains jours. Je patiente donc, très attentif aux propos des uns et des autres. Quand j'entends tout ce déballage d'options techniques, je réalise que l'enjeu est vraiment de taille. Déjà beaucoup d'experts y ont réfléchi avec des approches très variées. Xavier me sollicite en dernier pour parler de cette solution de confinement qu'ils n'ont encore jamais mise en œuvre dans une telle situation. La pression est importante et les yeux se braquent sur moi. Je prends le temps de bien expliquer le déroulé des opérations et les rassurer sur notre savoir-faire. Après avoir répondu à leurs questions, notre intervention est validée dans la foulée. Nous voilà partis dans une course contre la montre avec, chose rare, tout l'appui des décideurs présents. C'est gagné, c'est une première et c'est chaud ! Il nous reste seulement trois jours.

Les analyses de risques de l'opération sont lancées, le matériel est approvisionné, les documents doivent être rédigés immédiatement, sans quoi nous perdrons des heures précieuses. Attention aussi aux autorisations d'accès des personnes dans cette zone, sachant que ce n'est déjà pas simple en temps normal. Curieusement, même en pensant être en conformité, on ne sait jamais en badgeant à un portique de sécurité si le voyant va biper vert (je passe) ou rouge (passage non autorisé). Sachant qu'il en faut sept différents pour s'approcher du réacteur, c'est à prendre en compte. En plus de cela, l'opération elle-même va nécessiter quelque soixante-quatre signatures (64 !) avant de pouvoir démarrer. Bien sûr, il ne s'agit pas d'une seule personne qui signe soixante-quatre fois… La chasse aux signataires habilités est lancée.

Malgré toutes ces contraintes, l'énergie est particulière et une vraie dynamique se crée autour de l'intervention. Toutes les personnes concernées, quels que soient leurs niveaux hiérarchiques ou leur entreprise, vont montrer un engagement et une réactivité sans commune mesure. Je me retrouve dans cette position de leader de projet, comme sur un record du monde. Le parallèle est saisissant. La difficulté technique est majeure, mais l'engagement et le collectif créés autour de cette mission atypique sont impressionnants. L'opération peut enfin se lancer concrètement, et nous entrons dans un marathon pour faire les travaux avec l'équipe qui m'a rejoint. Cette équipe est très particulière, puisque j'ai sollicité des personnes de référence de mon ancienne société de cœur, Green Cap, pour m'accompagner dans l'intervention. Ils jouent le jeu à fond. Saïd avait été le premier embauché en 2003 et je le retrouve avec moi sur cette aventure. L'espace au sol autour de la piscine dans le bâtiment réacteur nous a été libéré pour toute la durée de notre intervention, qui pourrait durer 24 heures en continu. Nous pouvons préparer le matériel et les bâches de confinement sereinement. Nous allons devoir créer un volume parfaitement étanche qui englobe le réacteur, mais nous avons droit à très peu de points d'ancrage.

Et comme pressenti, c'est bien moi qui m'y colle… Je me souviendrai toute ma vie de cette première descente au fond de cette piscine près de la cuve du réacteur. Imaginez un volume entièrement en acier inoxydable, d'une dizaine de mètres de profondeur, autant en largeur. Ce volume est rempli d'eau lorsque le réacteur est en exploitation et le rayonnement des réactions en chaîne crée cette magnifique lueur bleue dans l'eau. Ici, le combustible a été évacué, la cuve est recouverte par ce couvercle provisoire qui va devoir être enlevé. Une fois équipé d'une combinaison et d'un système radio pour communiquer avec le reste de l'équipe, j'ai quinze minutes maximum pour descendre fixer le système de bâche tel que je l'ai imaginé avec des cordages, m'assurer que l'étanchéité est bonne, puis remonter. En descendant prudemment par ce long escalier d'inox, j'ai l'impression de partir sur une autre planète. L'ambiance à l'intérieur d'un bâtiment réacteur est déjà très particulière. Nous y sommes coupés du monde, du temps, de la lumière du jour, on y perd très vite nos repères. Mais là, on y ajoute une nouvelle dimension, le fait de descendre dans un volume en inox, où la radioactivité reste quand même très significative. En temps normal, un être vivant ne survit pas là plus de quelques minutes.

Malgré toutes ces émotions inattendues qui m'envahissent, je suis focalisé sur l'opération pour une raison simple, il y a une inconnue sur le deuxième point d'ancrage. Arrivé au fond, je repère tout de suite le point d'attache de droite qui est simple d'utilisation. Mais lorsque je passe de l'autre côté de la cuve tout en gardant cette distance de sécurité d'un mètre minimum, je me rends compte que le point n'est pas accessible. Nous ne pouvions pas le voir avant. Une grosse pièce en inox, indéplaçable, est posée au sol à cet endroit-là. Elle ne me permet pas de passer mon cordage comme prévu. Si je ne peux pas attacher mon rideau de confinement dans cet angle, l'opération est avortée. J'en imagine rapidement les nombreuses conséquences. Dans toute situation, il y a toujours une opportunité, aussi petite soit-elle. Il manque un millimètre pour que je puisse passer mon cordage. On ne va pas en rester là pour un millimètre ! Comme par réflexe, je regarde autour de moi, je prends une grande respiration, et je mets un gros coup de pied avec toute mon énergie pour faire bouger cette pièce. J'ai du mal à y croire, mais effectivement, un petit espace s'est ouvert. Ça passe ! Reste à poursuivre le plan prévu avec calme.

Je mets en place tous les systèmes de nœuds et de poulies que nous avions imaginés en communiquant par radio avec l'équipe. Je les vois très attentifs là-haut, dix mètres au-dessus, à suivre attentivement mes faits et gestes. Par contre, la qualité de la communication est particulièrement mauvaise, ça grésille énormément et ça ne facilite pas nos échanges. Je me sens encore plus isolé. Mais nous avançons bien et après une dizaine de minutes, je termine. Au fond de moi, j'ai quand même besoin d'en savoir plus sur ce lieu mystérieux, comme pour en comprendre le sens. Ayant encore quelques minutes avant de devoir remonter, j'observe calmement l'endroit. Les yeux grands ouverts comme un gosse. La zone de piscine du réacteur se prolonge dans un second volume où sont manipulés les ensembles de combustible pour être acheminés entre le réacteur et leur zone de stockage dans une autre piscine. Toute la mécanique est en inox éblouissant, comme poli miroir, en parfait état. Elle semble attendre patiemment la fin des travaux avant de pouvoir redémarrer. Toute cette ingéniosité, ces solutions complexes croisées les unes avec les autres sous une bibliothèque de procédures pour quelques grammes d'uranium ! Nous, les hommes, sommes bien peu de chose face à la puissance de l'atome. D'ailleurs, il faut que je m'échappe de cet endroit sans tarder, car, bien que la cuve soit vidée de son combustible, mes minutes sont décomptées.

Après vingt heures d'intervention aux abords du réacteur, une durée autorisée exceptionnellement, nous terminons avec succès le confinement de protection de la piscine. Nous partageons de grands sourires avec les personnes en charge et les intervenants. Mission accomplie ! Les travaux de maintenance suspendus peuvent enfin reprendre leur cours normal. La clef de cette réussite est bien celle de la connexion humaine et du collectif. Jusqu'à la dernière minute, l'engagement de chaque personne impliquée de près ou de loin a été total.

Vu l'impact sur le déroulement de son arrêt de tranche, Xavier a suivi très attentivement l'opération. Il m'avouera, bien plus tard, qu'il ne croyait pas que ce serait possible dans un tel délai. Il était très dubitatif. La portée de cette intervention, venue au départ d'un simple coup de téléphone, sera estimée à quelque 10 millions d'euros de productivité retrouvée. Aussi énorme qu'inattendu. Sans l'engagement de Marc pour son entreprise, l'issue aurait peut-être été bien différente.

Ce coup de projecteur est très révélateur de nos systèmes industriels qui ont des difficultés à capter certains signes, telle cette opération ponctuelle. Cet aléa de production étant résolu, il sera rapidement oublié. Le procédé de confinement que j'ai utilisé sur cette intervention est resté confidentiel, comme passé sous silence, et jamais vraiment déployé. Nous avions pourtant développé ces solutions dans mon ancienne entreprise pendant dix ans et breveté certaines applications spécifiques. Pour des raisons d'intérêts économiques de prestataires influents, ou par l'incapacité de les identifier, de nombreuses innovations porteuses de ce type ne sont pas exploitées comme elles le devraient. De par l'éducation de nos décideurs, modèle d'éducation que je connais bien pour avoir suivi la route dite « royale » du système, les apports technologiques ont la côte dans nos sociétés majeures. Elles valorisent prioritairement les partenariats historiques, l'image, la communication, sans oublier les ego. A contrario, l'innovation de type frugale[27], qui est à l'opposé en termes de philosophie, n'attire pas les foules. Des solutions simples, économes, avec un cahier des charges qui répond juste aux besoins, et pas au-delà, et tout cela au service du plus grand nombre. Cela deviendra peut-être incontournable quand nous aurons entamé le virage sociétal de demain.

____

[27] Je vous recommande les travaux de Navi Radjou, notamment son ouvrage « Innovation Jugaad ». Expert en innovation et leadership, Navi est un ingénieur franco-américain né en Inde, qui a vécu de nombreuses années aux États-Unis dans la Silicon Valley. Sa sensibilité multiculturelle ouvre de nouveaux horizons.

7 – De la performance à l'UltraPerformance

Que ce soit dans le monde professionnel ou dans mes différentes expériences de vie, je me suis posé la question de savoir si j'avais une forme de méthodologie pour atteindre mes objectifs dans ces projets variés. En reprenant leur fil, il s'avère que mon mode de fonctionnement est quasi systématique. De par mon engagement dans des milieux à risque, tout commence souvent par une sensation de désordre, voire même parfois de chaos. Un univers dans lequel on ne se sent pas en confiance, un environnement particulièrement complexe où l'on ne peut pas mettre tous les paramètres en équation. Pourtant, la nature semble très bien faite, comme si, quelle que soit la situation, l'univers réserve toujours une porte de sortie. De mon point de vue, le désordre n'existe pas dans la nature. Le fait même d'être conscient que le chaos ou le désordre ne sont qu'une perception de notre esprit, grâce à cette forme de confiance, nous pouvons nous projeter plus facilement dans l'inconnu.

Cette réflexion menée a posteriori a permis de mettre en lumière trois grandes étapes applicables lorsque nous sommes confrontés à une situation difficile. Les neurosciences décrivent très clairement nos réactions réflexes lorsque nous sommes soumis à la pression de nos peurs et de nos croyances. Cet état nous pousse dans nos retranchements avec trois comportements ancrés en nous et que nous ne maîtrisons pas : fuir, surréagir ou encore rester figé et incapable d'être en action malgré le danger imminent. Il s'avère que, dans ce mécanisme dans lequel notre cerveau reptilien prend le contrôle de notre vie, tout l'enjeu est justement de pouvoir contrer cette réaction réflexe. Notre perception attentive de la situation peut ainsi nous aider à conserver cette forme de confiance dans le futur. Et dans le même temps, notre cerveau limbique, siège de nos émotions, et notre néocortex, siège de notre conscience qui nous permet analyse et décisions, restent actifs et moteurs.

Très concrètement, l'approche que je propose consiste en trois étapes clefs : l'observation, l'innovation et enfin l'engagement.

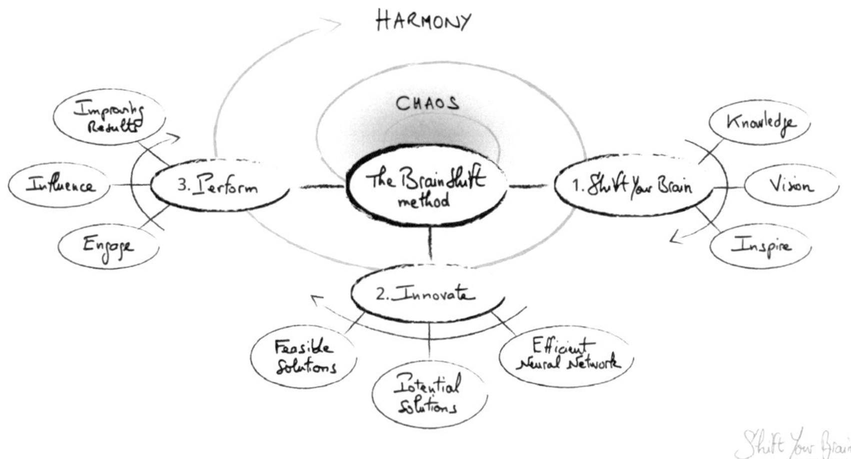

– « Observer » dans un premier temps, pour prendre connaissance de notre environnement et d'en dégager vision et inspiration.

– « Innover » dans un second temps, mettre en place des méthodes d'innovation pour disposer de solutions potentielles dont nous utiliserons les plus efficaces.

– « S'engager » dans l'action. Ce dernier volet nous permet d'utiliser nos innovations, quelle que soit leur forme (matérielle, organisationnelle, compétences nouvelles…), et de venir influencer notre situation.

On obtient les premiers résultats, on prend confiance, on s'améliore pour atteindre peu à peu par itérations une nouvelle forme de performance et d'harmonie mêlées (voir Graphique BrainShift©).

Reprenons à présent ces étapes en détail.

Étape n⁰ 1 : « Observer »

La première étape, que j'ai baptisée Shift Your Brain, est un changement volontaire d'état d'esprit. Elle consiste à rester immobile, en toute conscience, malgré la tempête et à observer notre environnement sans analyse particulière. Exercice délicat s'il en est lorsque nos sens sont sursollicités et alimentent nos peurs. Comme nous l'avons vu précédemment, la clef dans cette étape est vraiment d'être intimement confiant dans le fait que la nature est bien faite et que les réponses sont sous nos yeux et accessibles. Même si nous nous sentons agressés, en grande difficulté dans un environnement que nous percevons comme hostile et a priori sans concessions, ce n'est qu'une forme singulière d'équilibre, mais qui nous fait perdre nos moyens.

En nous figeant face aux éléments, c'est un peu comme si nous arrêtions la marche du temps, et si cette observation, quelle que soit sa durée, était un véritable arrêt sur image. Sur une seule respiration, nous pouvons porter toute notre attention sur l'instant présent et être à l'écoute des moindres signes. Cette phase d'observation est une étape d'acquisition de nouvelles connaissances. Notre cerveau a déjà été alimenté par un grand nombre de savoirs, et tout ce que nous faisons là est de lui donner de l'information sur la situation que nous vivons dans l'instant.

Autant ce monde qui nous entoure est une forme d'équilibre qui nous apparaît comme un chaos, autant notre cortex est lui aussi une partie bien faite de la nature. Dans une telle difficulté et avec un état d'esprit ouvert, pleinement dans le présent, nous avons cette capacité d'engranger de l'information en grande quantité. Sous contrainte, il devient hyperefficace. Sans nous en rendre compte, il va classer ces informations, les rapprocher des expériences passées, d'enseignements enfouis dans notre mémoire, de petites remarques que nous avions oubliées. Il va même être capable de reconstituer des chemins d'action que nous ne connaissons pas. Il fonctionne comme celui d'un Albert Einstein, et de tout être humain, il fait ses propres découvertes.

C'est seulement à la suite de ces moments d'observation neutre, que des formes de vision intuitive se manifestent contre toute attente. Derrière cette perception de chaos se cache une voie, celle d'un nouvel équilibre, plus satisfaisant pour nous. En prenant confiance dans l'existence d'une issue positive, et de ce nouveau chemin intuitif, nous trouvons une réelle source d'inspiration et de motivation. Ce n'est que le début de la transformation, mais il est à l'origine de toute la suite.

Nous touchons à une nouvelle vision du futur dans cet environnement difficile, mais toute la stratégie et les actions à mener restent à définir. Nous avons bien quelques idées, des savoir-faire, des éléments de méthode, ou encore du matériel qu'il suffit d'acquérir. Pourtant, pour sortir de cette perception de chaos, il nous manque des éléments et il s'agit d'y répondre le plus efficacement possible.

Ce constat étant, après une forme d'inaction et d'arrêt sur image, nous pouvons nous lancer dans l'étape numéro deux, celle de l'innovation.

Étape n⁰ 2 : « Innover »

C'est un sujet largement abordé dans la littérature, qui répond à certaines clefs méthodologiques. Nous avons différents types d'innovations, qui peuvent être incrémentales[28], disruptives, ou encore frugales, formes d'innovations que j'affectionne tout particulièrement. Ce concept, qui s'inspire de la culture en Inde et en Occident, est porté par Navi Radjou. Faire beaucoup, avec peu, pour le bien du plus grand nombre et dans le respect de chacun et de notre environnement. Navi, d'origine indienne, a fait ses études en France et aux États-Unis. Il est actuellement installé à New York, où il poursuit sa quête d'un monde meilleur. À mon sens, cette approche est une des clefs incontournables d'un développement pérenne de l'humanité.

Dans mon processus BrainShift©, l'enjeu est de trouver la bonne forme d'innovation, mais également la bonne organisation pour

---

[28] Par petites étapes de progression.

générer un certain nombre de solutions potentielles, qui vont pouvoir se combiner à l'existant. Ces solutions peuvent être organisationnelles, matérielles ou bien encore liées à l'acquisition et l'optimisation de nos compétences. Dans tous les cas, cette innovation sous forte contrainte, celle de notre situation de chaos, doit répondre à notre besoin d'avancer sur notre chemin intuitif. Parmi ces différentes solutions possibles, seulement certaines nous paraîtront exploitables. Il s'agit alors de faire les bons choix.

Armés d'une vision et de nos nouvelles ressources, nous pouvons accéder encore plus sereinement à la dernière étape, celle de l'action sur le terrain, dans notre environnement perturbé.

Étape n⁰ 3 : « S'engager »

Notre état d'esprit change complètement, nous passons progressivement d'un état dans lequel nous subissons notre environnement à celui d'une prise de conscience très concrète de notre capacité à agir. Nous sommes à présent en mesure de venir influencer cet environnement. En utilisant cette combinaison entre les nouvelles solutions et ce que nous avons déjà à notre disposition, nous pouvons commencer à impacter la situation que nous subissons. Nous sommes devenus moteurs de notre existence, nous gagnons en confiance et nous obtenons les premiers résultats. Nous faisons changer les paramètres. Nous pouvons améliorer progressivement nos innovations, performer davantage et prendre encore plus confiance dans notre capacité à évoluer consciemment de cette perception initiale de chaos à un environnement où se mêlent performance et harmonie. Un milieu complexe n'est rien d'autre qu'un milieu dans lequel tout ne peut pas être mis en équation. Toute la puissance de l'être humain, du fait même de sa connexion profonde à la nature, est d'être capable d'intégrer cette complexité et d'en sentir toute la finesse. La performance se situe dans les détails et, par définition, un système basé seulement sur de la technique et des équations approximatives est limité. Jouer en conscience avec notre cerveau et ses limites naturelles, permet d'atteindre des niveaux d'efficacité insoupçonnés.

J'ai baptisé cette méthode BrainShift©, pour évoquer un changement d'état d'esprit, une bascule dans notre comportement naturel. Il s'avère que cette approche couvre de nombreux champs d'application. C'est le cas dans le domaine de la recherche, comme j'ai pu l'expérimenter aux États-Unis sur les hélicoptères, ou encore dans les sports extrêmes où nous sommes confrontés à des prises de risque maximales. Nous avons pu voir également qu'en milieu industriel, l'être humain est face à des installations particulièrement complexes et peut facilement ressentir cette perception de chaos sur un simple projet d'arrêt d'unité. Mais cette approche s'applique également dans notre vie quotidienne, ou pour aider nos proches, lorsque nous devons faire face à une situation qui nous paraît inextricable. Je suis certain que, si vous posez votre esprit quelques instants, maintenant, par exemple, plusieurs exemples déjà traversés ou actuels vous viennent à l'esprit.

Je voudrais attirer l'attention sur un point qui me semble majeur. Dans cette approche, il n'y a pas de notion de durée. Le temps d'observation est celui qui est nécessaire et incompressible pour générer ces visions intuitives. J'ai pu constater dans certains cas que la première phase *« Shift Your Brain »* peut être l'affaire d'une poignée de secondes en milieu extrême, ou bien, a contrario, être étalée sur un temps long, comme sur la catastrophe nucléaire de Fukushima au Japon, ou encore dans la gestion de la crise mondiale du Covid-19.

La phase d'innovation peut se résumer à un simple changement d'utilisation d'un appareil ou être un long protocole de mise au point d'un nouveau vaccin, par exemple.

Enfin, la dernière phase est celle de l'épanouissement et de l'accomplissement. L'étape dans laquelle toute notre capacité à nous adapter s'exprime pleinement. Nous sentons alors notre réalisation prendre forme et notre confiance s'installer durablement. Cet accès à la performance après avoir vécu le chaos apporte une grande satisfaction, celle de savoir que notre confiance initiale dans l'avenir, même limitée, a fait toute la différence.

Nous renforçons aussi notre confiance dans le processus et dans la capacité de ceux qui nous entourent de répondre présent. C'est tout un état d'esprit qui évolue, impliquant à la fois l'individu et le collectif. Voir un projet ou une organisation retrouver la voie de l'équilibre et de la performance tout en percevant une forme d'harmonie est particulièrement gratifiant. Nous pouvons être certains que le futur nous réserve des moments difficiles autant qu'il nous réserve de beaux accomplissements. Mais nous savons au plus profond de nous que nous avons la possibilité, d'une certaine façon, de rester en partie maître de notre destin, en tout cas bien plus que si nous laissons nos peurs prendre la main.

Pendant toutes ces années où Éric Barone se reconstruit à la suite de son terrible accident du Nicaragua de 2002, de mon côté, je crée et développe au mieux mes sociétés avec mes associés comme nous l'avons vu. Éric et moi sommes chacun engagés dans un véritable défi personnel et la distance fait que nous ne nous croisons que très peu. À l'hiver 2011-2012, ma situation s'est stabilisée avec la reprise de l'entreprise, et je prends le temps d'aller voir Éric se remettre en selle sur un vélo de vitesse pour la première fois. Nous sommes aux Arcs sur cette piste où il a établi en 2000 le record du monde actuel. Et le voilà qui relance un projet en quelques mois, avec en tête de battre son record et se prouver qu'il en est capable. Je suis vraiment content pour lui et pour l'équipe de les revoir dans ce défi. Je suis là, en simple spectateur, sans pression, sinon l'envie de le voir se libérer de ses peurs aux côtés de Mathias[29] et de toutes ces têtes familières. Il atteint à nouveau 200 km/h avec les larmes d'une nouvelle naissance, mais se rapprocher des 222 km/h du record ne sera pas possible lors de cette reprise. Éric a repris goût à la vitesse et il décide d'aller défier à nouveau ce vieux record. Éric me sollicite à nouveau pour les rejoindre, en

---

[29] Mon cher Mathias Biard est un ami de longue date d'Éric Barone. Passionné de VTT, il a une prédisposition certaine à voir les futures tendances et être un précurseur.

référence à ce que nous avions fait ensemble dans les années 90, mais la donne a changé. Nous avons aujourd'hui la possibilité de repousser les limites avec une approche beaucoup plus structurée issue de nos dix ans d'expérience supplémentaire.

Cet accident de 2002 et cette expérience continue des milieux complexes dans différents domaines industriels, m'incitent à modifier notre angle d'approche. Je propose alors à Éric et Mathias de revoir leur stratégie. Je suis d'accord pour les rejoindre, mais à la condition que nous nous mettions en ordre de bataille, comme dans une cellule projet. Je pense pouvoir leur apporter beaucoup plus que la seule partie aérodynamique. C'est mon savoir-faire, acquis au fil des dernières années. Pour tous les deux qui ont toujours fonctionné en binôme en partant à l'aventure avec leur belle énergie, accepter une telle contrainte et voir une tierce personne prendre ainsi plus de place ne les enchante guère. C'est le moins que l'on puisse dire ! Pour ma part, j'hésite aussi. Après quelques semaines de discussions, nous prenons confiance dans l'idée et Éric valide le principe. Il m'accorde cette position nouvelle de chef de projet et nous voilà partis tous les trois sur plusieurs années d'exploration.

Cette période qui va suivre va devenir un véritable tournant dans la vie de chacun de nous. Que ce soit Éric, Mathias, Marco, Muriel, Émeline, Tristan, Sam, Jérôme ou moi, et bien d'autres encore, nos vies et notre regard sur les autres en seront changés à jamais. Enchaînant succès, échecs, doutes, tensions, célébrations, attentes, contraintes, inconnu, émotions, pendant toute cette période, nous allons jour après jour vivre un véritable parcours initiatique. Pas à pas, nous allons passer de ce que j'appellerai la logique de la performance pure à un nouveau modèle de fonctionnement que j'ai baptisé l'UltraPerformance. Cette nouvelle forme de performance particulière qui associe le plus haut niveau technique à l'épanouissement et l'accomplissement de chacune des personnes engagées.

Tout commence au lendemain de la reprise de la vitesse par Éric avec la réalisation d'un nouveau vélo. Nous allons pouvoir enchaîner des essais, des mesures, des tentatives avortées pour, peu à peu, se rapprocher de notre objectif ultime. Pour des raisons de fiabilité et de sécurité, la structure de vélo que nous utilisons est un vélo de descente de série. En aucun cas, nous ne pouvons prendre les mêmes risques qui ont amené au crash de 2002 au Nicaragua. En appliquant ma méthode BrainShift©, nous détournons la fonction première de cette architecture de descente conçue avec de grandes amplitudes de débattement pour en faire un vélo de vitesse. Les idées sont bonnes, les essais en soufflerie encourageants, mais, en 2013 et 2014, nous plafonnons en dessous de 220 km/h sans pouvoir nous rapprocher de ce record qui avait été fait avec un prototype. La surface frontale est trop importante, nos choix ne sont pas assez radicaux, et nous voilà avec un engin sympathique, mais pas assez tranchant.

En 2014, Éric devient tout de même le seul vététiste à partir du sommet de la piste de kilomètre lancé de Vars, piste qui effraie même les meilleurs skieurs du monde. Pourtant, nous devons nous remettre en cause. Jusqu'à présent, nous avons voulu faire au mieux, en composant et en préservant les avis des uns et des autres, et le temps est à une réelle remise en cause. À ce niveau d'exigence, les mauvais compromis deviennent une barrière à la réussite. Nous traversons de fortes turbulences, et des tensions montent entre nous tous après la deuxième année de tentatives. Mais en communiquant, même difficilement parfois, nous parvenons à trouver un nouvel équilibre dans lequel les rôles sont redistribués et où chacun va pouvoir s'exprimer pleinement. J'en suis ravi et soulagé, nous allons enfin pouvoir nous dépasser comme nous savons si bien le faire. Le poids du passé est évacué et nous voilà repartis sereinement de la feuille blanche.

Lancés dans cette dernière ligne droite, comme acculés au mur, nos esprits redoublent d'ingéniosité. L'équation est simple, nous partons du sommet de la montagne et notre seul moteur est la gravité. Cette monture à deux roues est conçue comme une Formule 1 : une position très basse, allongée, avec de petits débattements de suspension, et de grandes roues pour augmenter sa stabilité et sa capacité de roulage à haute vitesse. Nous devons innover tout en préservant à tout prix la sécurité du pilote. Ce cadre de VTT de descente est un autre désavantage, puisqu'il est très large et renforcé.

Aussi, dans cette course au record, nous nous battons contre un engin virtuel qui date de 2000 et qui a été détruit sur le volcan Cerro Negro. Nous allons donc mener un travail de simulation comparative, entre l'engin de record d'hier que nous réassemblons, et celui du futur. Éric va devoir suer à grosses gouttes en passant des heures en position figée sur cet ancien vélo à être scanné en trois dimensions. C'est à partir de cette image 3D de départ du pilote et de l'armature que nous allons dessiner le futur volume. C'est ce volume imaginé par le calcul qui va nous estimer la performance aérodynamique de l'ensemble. Pour nous assurer que notre conception est prometteuse, nous menons de front des calculs du nouveau vélo avec ceux de l'ancien que nous avons pu reconstruire à partir des morceaux de plusieurs prototypes. De la même façon, dans Zephir Project, nous commençons par la compréhension et le calcul des performances antérieures. C'est notre point de référence pour nos innovations. Nos investigations avec notre partenaire Aero Concept Engineering, basé sur le circuit de Magny-Cours, nécessitent de nombreuses journées en soufflerie. Elles sont associées à quelque quatre-vingts passes de calcul avec des modifications successives pour atteindre une géométrie d'ensemble satisfaisante. Comme nous pouvons le voir sur certaines images, cet engin passe d'un VTT somme toute classique, malgré ses dimensions particulières, à une véritable bête de course à la forme animale et ergonomique, construit pour battre des records.

Cet engin est conçu pour Éric et seulement pour lui. Si nous mettons bout à bout tous les coûts pour en arriver à cet engin, c'est un investissement d'environ 85 000 €. Le simple jeu de freins à disque, c'est un ticket de 5 000 €, le carbone utilisé se retrouve également sur les Formule 1 et les bateaux de la Coupe de l'America. Les carénages sont usinés avec une machine cinq axes avant d'être ensuite stratifiés, de même les carénages de roues font aussi l'objet d'un travail de précision. Une centaine de personnes différentes contribuent à la fabrication de cette machine sous notre supervision. C'est de la haute technologie, en particulier toute l'électronique embarquée. Nous incorporons une centrale inertielle de précision, qui permet de mesurer toutes les caractéristiques dynamiques (position dans l'espace et en angle suivant 3 axes, vitesses, accélérations…) pendant les roulages comme pour un avion. Elle est couplée à un système d'acquisition de données.

Différents types de caméras 2D ou 3D sont intégrées au vélo pour des images en immersion. Elles sont très utiles pour la technique, c'est de la « data », mais aussi pour Maxime et Olivier, réalisateurs de films. Ils nous suivent avec leurs équipes de tournage pendant toutes ces années. Leurs documentaires sont bouleversants. Nous y voyons ces émotions partagées, notre confiance ou nos doutes s'enchaîner au gré de l'aventure et des obstacles rencontrés. Nous avons parfois jusqu'à une vingtaine de personnes autour de nous pour cette production 2D et 3D aux images impressionnantes. Lors d'un visionnage ensemble, on découvre le visage d'Éric dans la phase de freinage après le passage des cellules. Son visage dans l'effort est saisissant de concentration et de puissance dégagée. Il a l'œil de l'aigle à l'attaque de sa proie ! Dingue !

Objectivement, aller chercher le pain avec un tel vélo serait risqué : le guidon à moins de 15 degrés d'amplitude, il a une seule vitesse et pèse une trentaine de kilos. Inutile de dire que, même avec un record du monde en poche, il n'aura pas grand avenir à part d'être exposé dans un musée. Par contre, il est au centre de toutes les attentions et de l'évolution de notre groupe. Dans cette mission particulière que me confie Éric, j'endosse trois rôles successifs. Sur place pour les essais et les tentatives, j'aurai à manager les équipes et les relations avec la station, soit une quarantaine de personnes au pic, ainsi qu'être au départ à donner le *« GO »*. Mais tout cela commence par la conception et la supervision avec lui en amont des tentatives. Il s'agit de prendre les bons choix stratégiques, de coordonner les différents intervenants, d'avoir une vision claire du déroulement des opérations pour être prêts le jour J. À ce stade, nous ne connaissons pas la date exacte, mais nous nous préparons pour une période pendant laquelle nous n'aurons que quelques heures pour nous mettre en action. Autant dire qu'il va falloir être capables d'être prêts en amont de ces fenêtres météo, et de savoir prévoir des ajustements de dernière minute qui ne pourront être qu'à la marge. Cela implique une bonne vision des priorités et la capacité de savoir dire non à tous ceux qui risquent de devenir un obstacle dans ces moments critiques.

Dans cette phase amont justement, nous avons pu tester le vélo en soufflerie et le choix a été fait volontairement d'explorer une piste à laquelle les ingénieurs aérodynamiciens ne croyaient pas beaucoup. Et pourtant, de par notre expérience de la discipline et notre intuition, avec Éric, nous avons imposé de poursuivre les études avec des choix de roues de diamètres différents à l'avant et à l'arrière, un peu comme une géométrie de dragster[30]. Pour les connaisseurs, nous partons sur une configuration de 27,5 pouces à l'avant et un diamètre de 29 pouces à l'arrière. Au fil des itérations de simulations, nous arrivons à diminuer progressivement notre pénétration dans l'air jusqu'à la rendre meilleure sur le papier que celle du prototype de 2000. Enfin ! Cet objectif de performance paraissait pourtant inaccessible !

L'engin que nous obtenons donne d'excellents résultats au calcul et en soufflerie, mais une surprise de taille nous attend. Lorsqu'Éric monte sur le vélo en position pour la première fois dans une pente à 45 degrés, comme cela sera le cas au départ de la piste, il n'y reste pas plus de dix secondes. Il en descend, me regarde dans les yeux, et me dit les mots suivants : *« Marc, vous avez fait un travail formidable, mais j'ai un problème dans cette position. Vraiment. Je suis tellement bien bloqué dans le vélo, que je me sens enfermé. Tu sais que je suis un peu claustrophobe… ?! »*, dit-il en souriant. *« Dans ma façon de piloter, j'ai besoin d'espace pour pouvoir légèrement glisser vers l'arrière, et là je ne peux plus le faire. J'ai vraiment la sensation d'avoir le nez sur la roue avant et d'avoir le vélo derrière moi qui me lève les fesses.*

Si tu es d'accord, ce n'est pas bien compliqué, il suffit de couper cette petite partie arrière et de la reculer de huit à dix centimètres, pas plus. Je me sentirai beaucoup mieux. OK pour toi ? »

---

[30] Engins motorisés surpuissants, souvent conçus avec de grosses roues à l'arrière et de petites roues à l'avant.

Éric ne s'y attend pas, mais c'est un gros sujet de discussion entre nous. Sa demande n'est pas possible à satisfaire, sauf à laisser tomber nos objectifs. C'est l'un des grands enseignements de cette course à la performance. Lorsque dans une organisation, nous demandons à notre équipe de mettre les moyens nécessaires pour atteindre un objectif, sans même le savoir, c'est tout l'équilibre de l'écosystème qui va être perturbé. Si le responsable veut garder ses habitudes sans se remettre en cause, c'est l'objectif initialement fixé qui devient inatteignable. Éric le comprend très bien et il sait qu'il va devoir adapter son pilotage à deux niveaux. Il va d'abord devoir conserver et figer cette position très avancée, en faisant bloc avec sa monture. Et pour optimiser sa performance aérodynamique, il ne pourra pas lever le regard vers la ligne, mais seulement piloter, avec comme seul repère les cinquante prochains mètres.

Parmi les grandes clefs de management que nous avons pu tirer de ces années d'exploration, la première est donc cette capacité du leader à se remettre pleinement en cause en même temps que le système évolue. L'exigence nécessaire que nous imposons vient nécessairement modifier notre propre équilibre.

L'accident de 2002 au Nicaragua reste omniprésent, nous rappelant cette nécessité d'être à l'écoute des petits signes, des tout petits signes. Ce que notre concentration sur l'objectif nous fait éviter. Il ne s'agit pas ici de capter une information, et d'imaginer tous les scénarios possibles, mais bien de conserver précieusement cet indice. Il réapparaîtra à un moment ou à un autre en complément d'autres éléments. Comme un tableau de peintre dans lequel chaque petite touche n'est pas une histoire à elle seule, mais une composante cruciale de l'équilibre d'ensemble. Autrement dit, cette observation posée de ces petits signes ne prend pas d'énergie à notre cerveau. Comme ici avec Éric devant ce prototype, il s'agit d'être chacun ouvert, dans une disposition sereine, qui nous permette d'acquérir un maximum d'informations, au service de notre intuition. Ces petits signes seront peut-être à l'origine de gros problèmes ou des grands succès de demain, ils en sont dans tous les cas annonciateurs.

En pleine préparation, cet instant me revient où nous arrivons à l'hôtel du circuit de Magny-Cours quelques semaines avant les tentatives. Nous venons pour mener de nouveaux essais en soufflerie. La personne à l'accueil nous donne le choix entre la chambre 222 et la 223. Avec Mathias, nous nous regardons avec un sourire un peu crispé, éclatons de rire et laissons la 222 à Éric en mémoire de son record. Nous pensons sincèrement qu'Éric a volontairement demandé ces numéros comme un clin d'œil, mais il n'en est rien. C'était peut-être juste un signe surréel du destin. Une chose est sûre, nous préférons 223 à… 221 !!! Et nous nous en contenterions volontiers, tellement le challenge est difficile. Disons qu'avec 223, signe ou pas signe, nous sommes sur la bonne voie ! Et si…

Un autre point clef est apparu au gré des situations, et il est lié à la pression d'un projet ou d'un environnement qui fait que nous nous sentons obligés de faire le prochain pas. Très concrètement dans notre cas, nous avons dû dire *« STOP »* à des tentatives de record du monde qui nous tendaient les bras, alors que les médias étaient présents, et que la tension était à son comble. Le rôle du manager est bien de garder la clairvoyance nécessaire pour ne pas faire ce dernier pas qui peut devenir le plus dangereux. Nous étions peut-être en train de perdre une année complète à cause des conditions météorologiques, mais en aucun cas nous ne pouvions mettre en danger Éric. C'est la même chose dans notre quotidien professionnel, ou personnel, lorsque tout est prêt pour ce dernier pas. C'est une grande force qui me paraît indispensable d'avoir à l'esprit. Le simple fait de savoir que nous sommes autorisés à dire *« Non »* nous permet de braver cette frontière sans le regretter.

Nous voilà donc en cette matinée de mars 2015 prêts pour une tentative officielle de record du monde de vitesse. La vitesse à battre est de 222, 22 km/h qu'a réalisée Éric quinze ans auparavant, en 2000 dans la station des Arcs, en Haute-Savoie.

5 h 30 du matin, nuit noire, 2700 m d'altitude, -20 °C ressenti, 70 km/h de vent latéral en rafale, un froid glacial : nous sommes au sommet de la piste mythique de vitesse de Vars, dans les Hautes-Alpes. Elle est juste là, à nos pieds, avec un départ à 45 degrés, la neige est dure comme de la glace. Pour donner une idée de l'engagement, en pourcentage, c'est 98 % !… Nous y sommes !

La stratégie pour ce matin est simple. Nous allons procéder à la préparation de la zone de départ comme si le vent allait se calmer. Il s'agit de saisir toute fenêtre possible si jamais elle venait à s'ouvrir. Il s'avère que ce vent de Nord, un flux de Mistral, a la caractéristique de faiblir légèrement au lever du soleil. Et cela pourrait devenir une vraie opportunité à ne surtout pas rater. Éric n'est pas très loin de nous, assis dans la dameuse avec le pilote qui lui raconte son quotidien et ses petits soucis. Éric observe le ballet de nos va-et-vient, pour mettre en place la cellule de départ, et nous assurer que tout est prêt pour un éventuel *« GO »*.

L'ambiance au lever du jour est vraiment particulière, les conditions sont extrêmes, et rien n'annonce un quelconque apaisement. Le vent qui monte le long du couloir arrache les drapeaux plantés en bords de piste, et les fait même ressortir au sommet comme pour nous dire qu'il ne veut pas de nous. Nous restons attentifs à toutes les informations des conditions de vent dans la descente, sachant que, sur la plateforme de départ, c'est véritablement intenable. Pourtant au lever du jour, comme on l'attendait, le vent montre quelques signes de faiblesse. Notre fenêtre est en train de s'ouvrir, et je vais prévenir Éric de vive voix que la tentative pourrait être imminente.

Même si le départ est très délicat, le vent tout au long de la piste et dans l'aire d'arrivée est devenu acceptable pour une tentative. Les cellules sont bien en place, le géomètre a validé leur position, et l'huissier est arrivé dans la cabane de chronométrage. Il rejoint Philippe Billy, ancien champion de ski de vitesse et responsable de la piste, ainsi que Mathias, notre acolyte de toujours. Décision est prise avec Éric de lancer une première tentative. Nous savons, vu les conditions, que nous aurons au maximum deux essais ce matin. Mais en faire un seul sera fort bienvenu. Je vais chercher Éric dans la dameuse pour lui dire que nous sommes prêts et que nous pouvons y aller.

Chacun est à sa place, maîtrisant parfaitement chacun de ses gestes. L'ambiance est calme, mais le vent sur la plateforme de départ et le froid intense rendent ce moment délicat. Nous sommes tous entrés dans cet état de flow que j'affectionne tout particulièrement. Entre nos crampons et nos cordes de sécurité, maintenir le vélo en position dans la pente abrupte, démarrer les caméras et les enregistrements de la centrale inertielle, tout cela demande une coordination et une sérénité absolues. Dans une telle tentative, où les conditions sont extrêmes, il ne peut y avoir d'approximation. Comme pour une voie d'escalade lorsque l'on grimpe en tête, il faut être au-dessus du niveau nécessaire. Le moindre écart peut avoir des conséquences catastrophiques.

Éric s'approche avec moi du vélo, nous échangeons quelques mots rassurants. Il retire son manteau de protection pour se retrouver en combinaison de vitesse pendant que, de mon côté j'informe régulièrement au talkie-walkie toutes les équipes de la situation. Il s'agit d'échanger avec la cabane de chronométrage, les équipes de tournage, les photographes, les pisteurs qui assurent la sécurité ou encore les équipes de l'aire d'arrivée. Grâce aux briefs de préparation, chacun sait exactement ce qu'il a à faire. Nous sommes maintenant à seulement trois minutes du départ, aucun drone ne peut voler, mais Éric va pouvoir enfin s'élancer. Je peux alors m'encorder dans la pente pour rejoindre Sam, qui maintient le vélo par l'avant, alors que Jérôme est encordé au sol, sur l'arrière, pour retenir le vélo et le stabiliser dans le plan vertical. Nous sommes fin prêts, bien que le vent déboule toujours du couloir avec force, il est bien axé et nous savons qu'Éric n'aura plus de vent quelques dizaines de mètres plus bas.

La décision de donner le départ est délicate, mais nous savons cette prise de risque raisonnable. Éric est parfaitement présent pour l'exploit, comme toute l'équipe. Il peut alors enjamber le vélo avec l'aide précieuse de Christophe et se mettre en place. Hugues me fait passer le casque d'Éric délicatement. Mes mains sont congelées parce que je ne veux pas porter de gants pour bien sentir ce que je fais, et nous avons, comme chaque fois, cet échange marqué dans les regards. C'est comme notre dernier check avant la tempête qui l'attend. Ce regard intense dans ses yeux restera gravé à jamais. À cet instant précis, je sais dire sans un mot de sa part s'il est prêt à partir. De son côté, comme en miroir, il sait à travers mes yeux si je suis prêt, serein intérieurement, à l'image de tout le support technique et de l'équipe.

Par un hochement de tête, nous validons le lancement de la procédure. *« Départ dans une minute ! »*. Je sais qu'à ces simples mots, les cœurs se serrent et que tout le monde pose son regard sur le sommet de la piste. Je bascule alors derrière Sam pour me retrouver face à Éric et lui appliquer délicatement sur la tête son surcasque transparent en Plexiglas. Il est simplement en appui, tenu par des velcros, pour pouvoir être éjecté en cas de chute. Dès que le casque est en place, je peux retourner me mettre sur le côté, saisir le tube de fourche main gauche pour aider à maintenir le vélo, comme le fait Sam dans le même instant côté droit. Un dernier regard vers Éric, un dernier signe de sa part par un clignement des yeux, et je lance le décompte à voix haute, talkie ouvert : *« 3 – 2 – 1 – GO !!! »*

À cet instant précis, nous lâchons tous les trois Éric dans la même fraction de seconde. La pente est telle, qu'Éric part comme en chute libre. La descente me paraît interminable, je hurle dans le talkie *« ALLEZ, ÉRIC, ALLEZ …!!! »* comme pour le pousser et me libérer de cette pression pour l'accompagner dans sa course folle. Le haut de la piste n'a pas pu être très bien préparé à cause du manque de neige, il est légèrement bosselé. La stratégie du run, que nous avons définie tous les deux en descendant en dérapage sur la piste la veille au soir, doit tenir compte des conditions de la piste. Du coup, la trajectoire au départ doit être décalée d'un 1,50 m vers la gauche pendant les 300 premiers mètres pour éviter une zone dégradée. Puis il doit se rabattre vers la droite de la piste avec une vitesse cumulée qui ne sera pas optimale pour revenir sur la bonne trajectoire jusqu'au passage des cellules. Plus que jamais, il va devoir respecter la position aérodynamique optimale que nous avons travaillée. Même si les conditions sont dantesques, il doit garder toute sa sérénité et ne pas relever la tête pour regarder cette ligne d'arrivée.

Les kilomètres-heure sont difficiles à aller chercher et ce début de descente peut nous coûter le record. Éric, en grand champion qu'il est, respecte à la lettre la trajectoire prévue. Sur la première partie, il pilote en étant légèrement relevé pour compenser cette tôle ondulée, puis il bascule sur la partie droite pour foncer vers la zone d'arrivée. Après 850 mètres de course folle et 19 secondes, il passe les cellules de chronométrage comme une balle, il maîtrise le freinage délicat sur la glace, et s'arrête comme prévu. Pas de chute. Après quelques dizaines de secondes interminables, Mathias parle au talkie, et la vitesse tombe : *« 223,30 km/h !!! »*.

« Record battu ?! » reprend Sam à l'annonce de la vitesse en me regardant. Encore marqués par cette fausse joie de record aux Arcs en 2013, nous faisons confirmer et reconfirmer par Mathias… Record du Monde ! Nouveau Record du Monde ! Notre soulagement n'a pas de commune mesure, je reçois cette annonce comme un tsunami émotionnel. Des larmes viennent instantanément que je ne sais pas retenir. La joie est profonde et immense pour nous tous, mais pour moi c'est une véritable rupture psychologique. Cette armure que je me suis construite au fil des années depuis que je suis enfant vient de voler en éclats en 19 secondes de tension ultime. Après avoir sécurisé la plateforme de départ avec l'équipe du sommet, je savoure ces instants si précieux du travail accompli. Des secondes rares, intenses, indescriptibles qui durent une infinité. Un des cadreurs de l'équipe de tournage reste avec moi, lui aussi très ému et je l'en remercie du fond du cœur. Je serai le tout dernier à descendre du sommet par la piste pour rejoindre la zone d'arrivée et tout le team.

Nous glissons sur cette piste parfaitement lisse avant l'ouverture de la station. Dans ces grandes courbes, l'air est froid et apaisant. Je me sens revivre pleinement avec ces larmes qui coulent, sans retenue, sans contrainte, juste le plaisir intense de vivre ces instants si précieux. Et je sais au fond de moi que ces minutes sont extrêmement fortes, voulant en vivre pleinement chaque seconde et surtout ne jamais les oublier. Je vais continuer à pleurer toutes les larmes de mon corps pendant une demi-heure après le record, sans pouvoir arrêter mes sanglots dans lesquels je sens une profonde délivrance de je ne sais quoi encore.

Ces images de record et de larmes feront le tour du monde et des dizaines de millions de vues sur les réseaux sociaux. Cela ne me réjouit pas vraiment lorsque je vois le montage final du réalisateur, mais ce montage deviendra un vrai cadeau de la vie. Je suis exténué, comme toute l'équipe, mais nous avons atteint cet objectif qui nous paraissait de plus en plus inaccessible au fil du temps. Une immense satisfaction teintée d'une part de frustration, celle d'avoir mis autant d'énergie et de ressources pour un seul petit kilomètre-heure. Et pourtant, ce succès va nous permettre de mettre en lumière une immense opportunité. Celle de vouloir comprendre comment nous pourrions atteindre la haute performance sans générer cette forme de souffrance psychologique que nous subissons.

Contre toute attente, j'ai compris avec la lecture du livre « TRIBE » de Sebastian Jünger, ce que nous vivons après ces périodes très intenses. Nous ne partons pas à la guerre, mais, bien qu'ayant vécu une réelle joie et célébré les performances ensemble, nous sortons de ces records dans un état quasi dépressif. Le noyau de l'équipe ressent un véritable malaise qui dure deux à trois mois d'après notre expérience. Une période pendant laquelle nous traversons une forme de morosité, sans tristesse, mais avec un manque profond, une frustration de ne pas pouvoir vraiment partager avec notre entourage ce que nous avons ressenti. Il s'avère que c'est un véritable syndrome post-traumatique. Le sentiment d'appartenance (« *belonging* ») est tellement poussé et développé pendant cette période de tentatives de record, que les individus ont beaucoup de mal à retrouver la vie normale. Ils sont décalés, ressassent leurs aventures alors que leur entourage n'en voit pas le sens… Les personnes qui participent, comme Émeline, par exemple, la compagne de Mathias, comprennent mieux ce qu'il se passe. Sebastian Jünger explique comment ce syndrome PTSD[31] pour les anciens combattants a longtemps été attribué aux horreurs de la guerre,

---

[31] Post-Traumatic Stress Disorder, Troubles du stress post-traumatique (TSPT).

alors que, paradoxalement, la plupart des personnes touchées n'ont pas été au front. Le plus troublant est que la proportion de malades semble directement corrélée à l'individualisme de leur société dite moderne. Les États-Unis battent tous les records alors que les terrains de guerre exposent de moins en moins leurs soldats au front.

En ce qui me concerne, nous revenons de cet univers un peu hors du temps, entièrement tournés vers le collectif, pour nous refondre doucement dans le système. Une question d'équilibre entre les extrêmes, c'est bien ce qui m'intéresse dans cette proposition de l'UltraPerformance et de l'épanouissement humain que nous aborderons en détail plus loin.

Cette connexion profonde à l'autre, nous la vivons avec Éric lors de chaque départ. Ce moment passé à se regarder les yeux dans les yeux nous permet de connaître l'état émotionnel de l'autre, et de pouvoir nous lancer en pleine confiance. Les circonstances de ces tentatives nous ont appris à revenir à ces fondamentaux de la connexion à l'autre. Pourtant, regarder l'autre dans les yeux n'est pas bien perçu dans notre société, cela peut même provoquer des tensions, voire des agressions par celui qui se sent observé et jugé. Au fil du temps et de notre éducation, nous nous éloignons de cette capacité de ressentir l'autre à travers un simple regard. Lorsque nous croisons un bébé dans sa poussette, il a en lui cette capacité à se connecter à nos émotions. Il est capable de rire aux éclats si nous sommes d'humeur joyeuse ou au contraire se fermer et se mettre à sangloter si nous sommes particulièrement tristes. Il capte ces informations avec une grande facilité, mais au fil des années, cette aptitude tend à disparaître. Elle reste pourtant à notre disposition et, avec la pratique, nous pouvons très facilement en retrouver toute la puissance. Les informations que nous en tirons sont tellement profondes que les mots ne suffisent pas et nous feraient perdre la perception de l'instant présent. Dans ces moments intenses de « flow », lorsque nous sommes exposés au danger, cette connexion pure et la quantité d'informations qu'elle véhicule nous sont précieuses.

Mais certainement que nous sous-utilisons ces capacités qui sont en nous. Pourquoi ne pas les réactiver au service de notre vie quotidienne, qu'elles soient personnelles ou professionnelles ?

Dans les sports de glisse à la voile, nous sommes particulièrement attentifs aux éléments naturels que sont le vent et l'eau. La perception de notre environnement est prépondérante dans notre équilibre. Et nous sommes particulièrement attentifs à nos sensations pour trouver cette fluidité qui conduit à la pureté du geste. Une expérience unique m'a particulièrement marquée lors d'un exploit au sommet des montagnes, bien loin de la mer et du vent.

Pour vivre ensemble une parenthèse suspendue avec ses amis d'aventures, Éric Barone imagine un hommage à la pleine lune de janvier 2016 ! Projet pour le moins inattendu !

Son rêve en 2015, le voici : descendre la montagne de Vars en ligne droite, un peu comme ses records de vitesse. Un peu seulement. L'idée est simple et folle : ce sera une seule et unique descente, de nuit, sous la pleine lune, sans éclairage artificiel…

Le projet devient alors artistique avec des maîtres créateurs en la matière : Maëlys, son papa Marco Rebuttini et Muriel Barra des amis de toujours ainsi que leurs équipes. Notre savoir-faire technique est au service de l'œuvre artistique. La cohabitation de ces deux univers est un grand moment de plaisir et de surprises. J'ai littéralement adoré ce partage.

Nom de code de la mission : #Eclair

Nous sommes alors sous la pleine lune du 24 janvier 2016, vers 22 h 30. Le temps est parfait et la piste praticable. Un miracle en soi. Alors que le lieu et les gestes nous sont très familiers, nos repères habituels sont bouleversés. Le silence règne, tout se fait ralenti. Au fil des jours de préparation de nuit, puis des heures avant la descente, nos sens et notre esprit s'adaptent à ces conditions peu familières. Nous n'avons d'autre choix que de faire corps avec la nature, avec les uns et les autres. L'écoute et les mots sont précis. Nous sommes comme en éveil total, ultra-connectés à tout ce qui nous entoure. Tout est prêt, mais nos cœurs battent la chamade. Comme le temps d'un instant, Éric va se fondre dans les éléments. Mais très objectivement, la prise de risque est réelle, car à 170 km/h, Éric perd ses repères visuels avec la vitesse. Au top départ, il dévale la pente dans la nuit.

Grâce aux lumières LED de sa combinaison, Éric s'illumine progressivement, du départ rougeoyant au rythme de son cœur, jusqu'à cet éclair blanc à pleine vitesse qui fige sa trajectoire jusqu'au bas de la piste. Notre respiration à tous ne fait plus qu'une, le temps d'un instant suspendu pour l'éternité. Cet « Éclair » éphémère marque les esprits de ces centaines d'amis et de curieux venus vivre ce rêve éveillé. Cette trace lumineuse est aussi celle de ces étoiles qui traverse nos vies et dont la respiration nous accompagne à chaque instant. Comme pour nous rassurer et nous épauler.

Ces instants hors du temps sont juste là, devant nos yeux ! Éric a pris des risques pour aller au bout de ses rêves et nous offrir ce cadeau inouï. Merci. *« Puis c'est fini »*, comme dit alors Maëlys.

Contre toute attente, la dimension artistique nous a éloignés de notre zone de confort, et de la recherche de la pure performance. Cette expérience unique dans la nuit nous a tous ouvert les yeux sur notre capacité à nous connecter encore davantage les uns aux autres, comme aux éléments. « Éclair » fut une révélation pour la suite de ce qui se cache en nous, mais aussi une nouvelle leçon d'humilité face à la nature.

8 – Du Dalaï-Lama à l'écoresponsabilité

Grâce à notre aventure Zephir, j'ai la chance de pouvoir découvrir de nouvelles sensations de glisse et de vol au-dessus de l'eau avec un mentor d'exception. Antoine parle peu, y compris pour donner des conseils. D'ailleurs, farceur comme il est, il aime bien me voir me battre dans les éléments d'abord, puis me donner quelques clefs à mon retour, que je vais forcément retenir à vie ! J'aime cette méthode minimaliste du maître, je progresse de jour en jour, les sensations sont de plus en plus grisantes.

Ce jour-là, nous partons sur l'eau pour une belle session de wingfoil[32] au Nord de l'Île de Ré avec Antoine et Ben, son bras droit au club. Le vent est soutenu, et la mer venant du large assez formée. C'est un pur plaisir de faire ces aller-retour au milieu des éléments ! Je reste attentif, car avec la marée, les vagues déferlent de plus en plus au bord. Ce shore-break devient de plus en plus gros, rendant le retour périlleux pour un néophyte comme moi. Par précaution, je reviens sur la plage après une heure sur l'eau, pour ne pas risquer de casser du matériel.

Je savoure alors ce temps redevenu calme. Seul, assis en tailleur sur le sable, en combinaison, face au soleil. C'est un moment de gratitude, de profonde joie intérieure et de liberté absolue. J'observe mes deux amis sur l'eau qui se font plaisir. Je ferme les yeux, et bercé par le vent, je bascule en méditation… Et me voilà reparti en Inde.

Le 29 novembre 2018 est un jour qui commence par une attente de quelques heures hors du temps. Avec notre petit groupe d'une quarantaine de personnes, j'ai l'immense privilège de pouvoir échanger

---

[32] Le wingfoil est un sport en pleine évolution, apparu au grand public en 2020, constitué d'une petite planche sur foil indépendante, et d'une aile symétrique, gonflable, que l'on tient grâce à deux poignées.

avec le Dalaï-Lama, cet être solaire, mi-Dieu, mi-enfant, qui apporte cette joie intérieure indescriptible par sa seule présence.

Quelques semaines avant de partir pour la première fois en Inde pour ce voyage des superlatifs, j'ai la chance de pouvoir rencontrer furtivement un autre être solaire, Hermès Garanger. Hermès est une femme française, qui devint à seulement 19 ans la plus jeune femme Lama occidentale… Elle me dit alors ces quelques mots avant de disparaître pour aller s'occuper de sa petite fille : *« Il y a une seule certitude, mon cher Marc, tu reviendras changé à jamais. »*

Effectivement, la rencontre avec le Dalaï-Lama fut aussi brève qu'intense, aussi légère que profonde ! Entre émotions et éclats de rire… Un enseignement que je cultive depuis chaque jour, et qui, maintenant, m'accompagne au quotidien.

Mais revenons aux conditions de ce voyage aussi improbable que rocambolesque. D'abord, le groupe avec lequel je pars s'est constitué autour de l'idée pas très humble en soi de *« changer le monde »*. Vaste programme ou gros délire ?

Il a été constitué par des relations de relations pour au final regrouper une quarantaine de personnes aux profils complètement hétéroclites, mais aux curriculum vitae impressionnants pour certains. Pour exemple, nous avons l'honneur d'avoir avec nous Didier Pittet, médecin suisse et co-inventeur du gel hydroalcoolique. Après leur découverte, ils choisissent de rendre publique leur formulation pour bloquer toute surenchère des prix par les laboratoires pharmaceutiques. La crise Covid-19 de 2020 montre a posteriori que leur altruisme a certainement sauvé des millions de vies ! Nous accompagnait également Christina Figuerès, coresponsable en 2015 de la fameuse COP21 de Paris aux côtés de Ban Ki-Moon (Secrétaire Général de l'ONU à l'époque) et Laurent Fabius, représentant la France. Je suis fasciné par nos discussions sur la façon dont se passent les négociations sur le climat entre tous les pays du monde. C'est un tour de force pour parvenir à mettre d'accord les dirigeants sur un sujet pourtant éminemment commun, le climat !

Trois de mes amis très proches, Fabienne, David et Éric, prennent également part au voyage. Nous avons avec nous des experts de l'Intelligence Artificielle, comme Laurence Devillers, proche de Cédric Villani, des politiciens, des avocats, des intellectuels réfugiés politiques, comme Carlos Moreno, urbaniste de renom et enseignant-chercheur. Également des femmes d'action comme Amandine Roche en Afghanistan pour l'ONU ou Alice Barbe, qui a créé SINGA, organisation internationale qui aide les réfugiés à créer du lien dans leur pays d'accueil… Croiser tous nos univers est d'une richesse absolument incroyable. Et un ingénieur des milieux extrêmes comme moi, qui s'intéresse à la spiritualité et va rencontrer le Dalaï-Lama, cela dénote un peu !

Découvrir Delhi est une hallucination en soi. Malgré la pauvreté extrême, la joie de vivre de ces personnes démunies de tout me marque. Le choc émotionnel sera d'ailleurs assez violent au retour à Paris. La ville est comme en état de siège, nous arrivons dans le chaos des premières actions des gilets jaunes. Et 24 heures plus tard, deuxième choc au siège d'un grand groupe français où les personnes ressemblent à des zombies gris, tristes, déconnectés, ou plutôt surdigitalisés, jamais dans l'instant présent…

Après un passage intense au cœur de Delhi, nous voilà donc dans un nouvel avion vers les contreforts de l'Himalaya au Nord-Ouest de l'Inde, à Dharamsala. C'est juste au-dessus de cette petite ville, dans le village de Mc Leod Ganj, que le Dalaï-Lama s'est installé en exil depuis 1959 sous la protection des autorités indiennes. Nous sommes à 2100 mètres d'altitude, dans un lieu exceptionnel, coupé du monde. De nombreux moines déambulent dans les rues. La ville est calme et vivante à la fois. Une sorte de village aux parfums de vacances de l'esprit. Leur thé au beurre, par contre, me replonge dans mes souvenirs d'enfance, bloqué devant mon assiette refroidie de riz au beurre, une « recette » maison de maman qui me retournait le cœur, mais qu'il fallait absolument finir… Le riz en Inde cuit à la vapeur, ça, c'est un vrai bonheur ! Ceci dit, nous sommes quand même au cœur de l'Inde, et si vous mangez dans une cahute en bord de route, sachez que toutes les assiettes et les couverts passent très certainement dans la même bassine toute la journée !

Me voilà donc avec cette chance immense devant moi de pouvoir passer une semaine au contact de deux personnes exceptionnelles, deux grands penseurs : une matinée avec le Dalaï-Lama et toute la semaine d'enseignements avec Samdhong Rinpoché. Aussi connu sous le nom laïc de Lobsang Tenzin, il est conseiller et ami de très longue date de Sa Sainteté le Dalaï-Lama et tous les deux œuvrent ensemble. Il fut Président du Parlement tibétain en exil et Premier ministre du Gouvernement tibétain en exil en Inde.

L'expérience vécue sur place est avant tout de rencontrer ces personnes très élevées spirituellement, qui passent leur vie à essayer de comprendre comment fonctionne notre esprit, et comment nous sommes en interaction en permanence avec. Autres grandes questions : comment composer avec notre ego, le jugement, les relations aux autres, notre relation à nous-mêmes, nos croyances…

Ils peuvent être qualifiés d'explorateurs de l'esprit.

Toute la semaine s'est déroulée sous forme d'enseignements nous permettant de mieux appréhender qui nous sommes en tant qu'humains. Nous avons abordé la philosophie bouddhiste plutôt que la religion.

Nous sommes dans un monde où l'on parle beaucoup de spiritualité, mais aussi beaucoup d'énergie dans l'action, dans l'efficacité, et il n'est pas facile de faire un lien entre ces deux dimensions.

Vu depuis notre monde moderne « corporate » occidental, on peut voir les personnes spirituelles comme « perchées », déconnectées de la réalité. Et d'un autre côté, on a des gens qui, eux, sont dans l'efficacité, des « faiseurs », ils font des choses avec toutes les problématiques que l'on rencontre dans la performance pure. Faire, faire, faire et atteindre des objectifs de plus en plus élevés, voilà leur seul credo.

Je m'interroge… Est-ce qu'aujourd'hui, en étant dans le pur rationnel de la réalisation, est-on vraiment dans un équilibre vertueux ?

En partant là-bas, j'ai pu entrevoir les dimensions de la spiritualité et l'impact dans notre monde de la puissance de notre cerveau et de notre esprit. L'homme aujourd'hui organise tout autour de ses pensées. Son cerveau dirige le monde, dirige à peu près tous nos comportements, en essayant d'avoir la main et le contrôle sur presque tout.

Ces grands Maîtres cumulent des dizaines de milliers d'heures de méditation au fil de leur existence, et explorent tous les travers de notre esprit. Notre cerveau rationalise tout et finalement induit des modes de fonctionnement qui peuvent nous séparer de ces dimensions spirituelles et vibratoires invisibles qui nous entourent.

Ils nous ont accompagnés et fait réfléchir successivement sur les fondamentaux que sont les quatre incommensurables, ces quatre dimensions complémentaires que l'on ne sait pas mesurer, mais dont notre esprit peut nous éloigner.

« Équanimité » : le fait de ne pas faire de discrimination entre les créatures vivantes.

Pourquoi est-ce qu'un homme aurait plus de valeurs qu'un animal, pourquoi deux hommes devraient être traités différemment ? La flore est également associée à la réflexion. L'interdépendance est très claire. Dominant la planète animale, nous nous sommes décrétés propriétaires d'animaux qui ne nous appartiennent pas. Dans notre système anthropocentré, les animaux n'ont aucune valeur, si ce n'est la valeur marchande de leur viande que nous consommons dans nos assiettes.

Tout notre système disqualifie le vivant autre que l'humain et ne lui attribue au mieux que des valeurs marchandes. Détruire une forêt primaire, cela ne pose pas de problème si on replante d'autres arbres. Mais voilà un des grands drames de notre civilisation, on remplace une forêt vivante par un substitut qui n'a pas du tout la même valeur en termes d'énergie et de vitalité. Notre modèle génère la destruction animale et végétale.

« Loving Kindness » signifie bienveillance avec amour.

Alors que l'être humain cherche plaisir et bonheur pendant toute son existence, sa condition humaine est liée à une forme de souffrance. Il s'agit d'en comprendre le pourquoi. Les sujets de l'ego et du jugement de l'autre y sont clefs pour avancer dans cette dimension.

Toute notre vie, nous vivons des changements permanents. Que ce soit le vieillissement, la maladie parfois que l'on ne sait pas endiguer, nous allons dans tous les cas vers la mort. Nos actions menées par notre esprit conditionné nous conduisent à avoir des attitudes qui créent des conflits et nous amènent à la souffrance et à la misère humaine, en termes de valeurs. Souvent par ignorance, certains vont être amenés à faire du mal aux autres. En comprenant cette souffrance inhérente à la condition humaine, en dissociant l'acteur de sa propre action, cela change la perception et le jugement de l'autre. C'est une clef de cet incommensurable Loving Kindness, qui nous permet de voir l'humanité avec un regard différent, pour un impact très concret au quotidien.

« Compassion » : associée au Loving Kindness, c'est l'amour pour l'autre, le fait de le comprendre, savoir le pardonner pour ses actions et aller vers lui. À ne pas confondre avec l'empathie, comme le décrit très bien Hermès Garanger dans son livre lors de ses expériences dans les laboratoires de l'INSERM de Lyon en 2018.

« Joie » : comme la suite logique d'un parcours spirituel, c'est la conséquence naturelle que l'on peut ressentir intérieurement avec le développement en soi de ces trois premiers incommensurables.

Les heures d'enseignement sur ces quatre piliers de vie et de compréhension de l'humain sont fascinantes. Tout se déroule avec fluidité et les mots de Samdhong Rinpoché coulent en continu comme une eau de source. Il parle avec une extrême lenteur, certains silences peuvent durer dix secondes, mais tout est d'une infinie profondeur. Les débats entre nous tous sont passionnants, et d'une richesse inouïe tout au long de cette semaine. Je ne pouvais pas m'y attendre.

Durant notre entretien, le Dalaï-Lama aborde le thème des religions dans le monde. Une religion, c'est une communauté parmi d'autres dans la grande communauté de l'humanité. Avec ses limites en nombre de personnes et de territoires où elle est pratiquée. Malheureusement, au nom de la religion, l'être humain est capable d'aller faire des guerres pour étendre sa communauté et asseoir sa domination. Le fait de vouloir convertir le monde peut conduire à détruire une partie des êtres vivants de la planète, ce qui va à l'encontre des quatre incommensurables et du respect des autres pourtant prôné dans chacun d'eux.

C'est la raison pour laquelle le bouddhisme s'apparente souvent à une forme de philosophie de vie, loin de toute image de conquête guerrière.

Ces journées sont rythmées par les enseignements entrecoupés de pauses, qui donnent lieu à toutes formes de « debriefs » entre nous, un vrai concentré de leçons de vie. Ces Maîtres dégagent une sérénité infinie et contagieuse par leur simple présence, leur force intérieure est à l'opposé de toute agitation. Et j'en retiens plusieurs grandes clefs : humilité, patience et alignement intérieur, tout en s'attelant à ne pas être perturbé par l'agitation permanente.

En effet, cette agitation perturbatrice peut être extérieure comme intérieure. Notre esprit passe son temps à nous raconter des histoires, à nous faire prendre des chemins détournés. « Notre réalité » d'une situation est la conséquence de tout notre vécu. Notre esprit conditionne notre perception. Et elle est unique, propre à chacun. Tout au long de notre journée, pour rester en harmonie avec notre environnement, il faut être capable de faire le tri avec patience et clairvoyance dans tout ce que notre esprit nous envoie. Ce tri va pouvoir se faire en étant conscient d'une situation. Par exemple, en faisant la différence entre l'acteur et son action. Une attitude, un mot, un message, un regard, quelqu'un qui me bouscule, toute action peut m'impacter émotionnellement.

À partir du moment où l'on comprend de façon consciente et rationnelle qu'une personne agit mal en fonction de paramètres extérieurs, qui peuvent être de toute nature, et dont on n'a aucune idée… Alors, ce n'est pas lui qui est à réprimander, mais plutôt pointer son action. Il y a tout un environnement qui l'a conduit à faire cette action. Elle peut être déclenchée par une odeur, une idée qui lui passe par la tête, une image qu'il a vue, un toucher…

Dès qu'on a conscience qu'une situation peut être perçue par le filtre d'un autre, on s'apaise. Car on arrête de penser que les gens nous en veulent, qu'ils font cela contre nous, qu'ils veulent nous empoisonner la vie. Tout de suite, on crée un rapport très différent aux autres. Et on va être capable d'aller parler plus facilement à la personne en lui disant *« je me permets de venir vers toi parce que j'ai été affecté par ce qu'il s'est passé. Peut-on en parler au calme, si tu veux bien ? »* Cette approche adoucit les relations. Dans notre monde d'aujourd'hui, même les plus grands conflits peuvent s'attiser dans cette difficulté à dissocier l'acteur, de son l'action. Si l'on introduit maintenant la dimension de la compassion, il est possible d'accepter avec une forme d'amour que cette personne fasse quelque chose de répréhensible.

Cette approche permet d'être posé, humble, et d'atteindre une forme de sérénité, même dans les situations qui nous paraissent les plus difficiles. D'ailleurs, les tensions dans un groupe ne viennent pas du moment où elles apparaissent, mais de bien avant. C'est un travail de fond pour éviter de disperser une énergie énorme à essayer de redresser la barre.

On s'accorde à dire que Gandhi n'a jamais eu comme objectif d'impacter le monde. En lien avec sa spiritualité et sa vie, il a partagé sa vision avec humilité. Son approche n'était pas de faire la Révolution, mais de se lever contre un système castrateur. Par sa cohérence et sa clairvoyance, son impact est devenu progressivement mondial. Encore aujourd'hui, il est vu comme un être exceptionnel par son abnégation, sa non-violence malgré la répression et sa finesse politique. Le Dalaï-Lama s'inscrit dans cette lignée.

Je retiens de ce voyage que chacun sur notre chemin de vie, à notre petite échelle, nous pouvons avoir accès à cette énergie intérieure et être bien avec nous-mêmes grâce à ces repères spirituels. Un bémol quand même. Au cours de ces années 2015-2020 de découverte et d'exploration personnelle, je me suis approché de ces univers où j'ai pu croiser des hommes et des femmes de tous horizons. De très belles rencontres se sont mêlées à d'autres, beaucoup plus exotiques celles-là : des gourous religieux ou non, des « pseudo- experts » du développement personnel, des conférenciers perchés, des chamans improvisés… C'était intense et passionnant. Ma curiosité a été comblée, mais il faut être prudent, car l'équilibre est subtil. En effet, simples êtres humains en quête de sens, nous pouvons rapidement y perdre nos repères et nos valeurs. Il est important de rester vigilant face à ces sirènes parfois malveillantes.

Chaque phrase entendue lors des enseignements résonne tout particulièrement avec mes expériences en milieu extrême, que ce soit dans les sports ou en milieu industriel. La patience et le calme intérieur sont des clefs pour basculer dans un flow, sans forcer les choses. En milieu extrême, ces états de flow apparaissent sur des temps assez courts. Une tentative de record est précédée de trois à quatre jours durant lesquels on monte dans des états très particuliers, jusqu'au moment de la tentative elle-même qui est brève. On recherche une harmonie totale avec son environnement pendant cette période très courte et très intense. Mais avec cette approche nouvelle pour moi, c'est un apprentissage quotidien au long court, tout au long de notre vie. Comme si ce flow, venu presque de nulle part en milieu extrême, pouvait s'apprivoiser pour être accessible dans notre quotidien. Et que nous pouvions y aller et en revenir, consciemment.

Certainement que notre environnement et l'univers nous tracent la route, par des signes, des opportunités, des rencontres dans lesquelles on va pouvoir rester très cohérents avec nous-mêmes. C'est une forme de quête spirituelle compatible avec notre monde moderne, qui permet de trouver son propre équilibre, tout en étant conscient des dérives de la course à la performance pure.

La victoire de l'équipe de France de football en 2018 est un bel exemple de gestion d'un collectif qui a su trouver l'équilibre pour devenir très performante. En effet, cette équipe, en mode de fonctionnement « normal », n'aurait jamais dû être championne du monde ! Elle est constituée au départ de jeunes stars avec des ego surdimensionnés qui jouent dans les plus grands clubs européens et touchent les plus gros salaires de toutes les équipes engagées. Il y avait tout pour que le groupe explose ! D'ailleurs, les premiers matchs ne sont vraiment pas convaincants.

En pleine compétition, le sélectionneur français, Didier Deschamps, décide avec son staff de remanier tactiquement la disposition des joueurs et de travailler la cohésion de son groupe individuellement et collectivement. Parmi eux, deux leaders, Griezmann et Pogba, acceptent de changer de poste sur le terrain, en s'impliquant à fond, et avec le sourire. Ils adaptent leur façon de jouer au service du collectif. Les ego diminuent, les leaderships alternent, le jugement de l'autre disparaît, la confiance revient… C'est un changement radical qui est palpable par les milliards de spectateurs. En quart de finale, c'est le déclic. Cette « nouvelle » équipe élimine l'Argentine. Ils paraîtront ensemble imbattables jusqu'au trophée tant convoité, et bien après.

Malgré tout, même en vivant avec ces quatre dimensions incommensurables présentes à l'esprit, rien n'est gagné pour autant ! Ce serait si simple ! Pour preuve, le Dalaï-Lama et Samdhong Rinpoché eux-mêmes concèdent que leur esprit leur joue des tours ! Ils le disent en toute humilité et, pourtant, ils font partie de ces êtres les plus élevés spirituellement sur cette planète. À chacun d'entretenir en nous cette petite voix amicale qui nous guide tout en surveillant les écarts de notre esprit.

Au fil des mois, des épreuves, et des rencontres, la Nature, impassible à nos gesticulations d'êtres humains, semble réellement nous montrer la voie dans le projet Zephir. Et si ce respect du vivant et son observation nous permettaient d'ouvrir grand les portes de la haute performance écoresponsable ?

Si l'on prend l'exemple de la haute vitesse à la voile, l'homme construit de véritables machines technologiques pour défier les éléments, mais à l'heure où j'écris ces lignes, leur empreinte carbone est absolument catastrophique. Les bateaux engagés dans la course au large, comme le Vendée Globe, les classes IMOCA, ULTIM ou la Coupe de l'America en sont le parfait exemple. Les sports nautiques en général n'échappent pas à cette dérive. Il faut savoir qu'un seul kilo de composite à base de fibres de carbone qui compose aujourd'hui un foil performant correspond énergétiquement à environ deux mois de consommation énergétique d'un petit foyer français… Faites le calcul pour environ 600 kg que pèsent deux foils d'IMOCA de 60 pieds (sans parler des sept à huit tonnes du bateau !)… C'est en moyenne 50 à 200 ans de consommation, en fonction du procédé de fabrication employé… Les constructeurs font évoluer leurs modes de construction et cherchent des solutions alternatives, mais c'est un triste constat !

Et si nous changions de paradigme ? Imaginons un instant que nous puissions naviguer demain avec du matériel construit à partir de matière biosourcée, comme les fibres naturelles, de résines écoresponsables recyclables… Tout en atteignant des performances techniques plus élevées que jamais. Le défi paraît impossible à relever, et pourtant ! Comme nous l'avons vu, les technologies concernées ont atteint une réelle maturité, ouvrant le champ des possibles.

« Le vivant », tel que nous le connaissons, a été façonné durant plusieurs centaines de millions d'années d'évolution. La nature est ainsi un véritable laboratoire expérimental qui fonctionne en continu, explorant une infinité de pistes dont la plupart sont sans issues et abandonnées « par la force de la nature ». Les organismes survivants sont pérennes et extrêmement performants dans leur milieu. Bien que nous fassions pleinement partie de ce monde vivant, l'homme de notre

époque industrielle récente s'en est détourné. Il est tellement confiant dans sa toute-puissance à changer le monde sans écouter sa propre planète, ni même se retourner vers ce qui l'a façonné.

Si l'on reprend l'exemple de la voile, nous sommes aujourd'hui capables d'atteindre des vitesses au-delà de 100 km/h en utilisant la force du vent et en dissipant une véritable débauche d'énergie sous l'eau au point de la vaporiser (phénomène de cavitation). Il est vrai que les bateaux « volent » de mieux en mieux au-dessus de l'eau grâce à la technologie des foils. Mais nous ne savons toujours pas reproduire le déplacement naturel du poisson ou le simple vol de l'oiseau, et encore moins de façon écoresponsable. Pour le moment, nous savons à peine nous en inspirer à travers le biomimétisme, par exemple, puis fabriquer un semblant de solution.

Le vivant a ainsi su développer au fil du temps une combinaison d'architectures osseuses, de muscles, de plumes, etc., et d'intelligence animale que nous ne savons absolument pas reproduire. Sans artifice, le marlin ou l'espadon sont ainsi capables d'utiliser leur corps pour dépasser les 100 km/h sous l'eau. Sans nul doute, la haute performance est omniprésente en milieu naturel, et au moment de disparaître et redevenir poussière, ces animaux sont sans impact négatif pour notre planète, mais plutôt un apport pour d'autres. En phase de recherche de cette haute vitesse, la nature nous donne une véritable leçon d'humilité. Étant limités dans Zephir par la seule force « animale » de l'homme, nous devons trouver une voie nouvelle et apprendre à glisser dans l'eau et l'air comme un animal. Nous devons repenser la course à la puissance, la transformer en efficience énergétique et littéralement traverser les éléments air et eau. Très certainement, nous faisons face au plus grand défi de la voile moderne.

Notre intime conviction, après trois ans de travail et d'exploration dans le biomimétisme, est que le vivant détient une clef majeure pour relever ce défi. Plutôt que de vouloir tout rigidifier au maximum pour avoir un maximum de contrôle, nous savons que nous pourrions libérer davantage les contraintes dans nos solutions, et certainement limiter drastiquement l'utilisation de fibres de carbone, par exemple. Les technologies avancées de l'impression 3D ouvrent ce champ quasi infini permettant de reproduire des structures naturelles avec les dimensions et les matériaux de notre choix. Notre empreinte planétaire pourrait en être radicalement changée en jouant cette carte à fond.

En acceptant de nous laisser guider sur cette voie par Dame Nature, performance et écoresponsabilité pourraient devenir enfin compatibles. Ce vent de fraîcheur, dans l'approche de l'homme cette fois, serait une véritable révolution. La bonne nouvelle est qu'elle pourrait bien être en route !

Je voudrais conclure avec deux rencontres d'exception en cette fin d'année 2024. Commençons par cette rencontre avec Paul Watson à son retour en France après sa libération de prison du Groenland. Paul est un activiste à l'origine du mouvement Sea Shepherd. Il lutte contre la chasse à la baleine et aux cétacés en général pour la préservation de la biodiversité. Le français Hugo Clément a été très actif avec son organisation Vakita pour empêcher son extradition vers le Japon, qui voulait le juger pour sanctionner ses actions.

Au micro sur la Place de la République à Paris, il partage sa recette : *« On peut changer le monde avec une caméra… Et tout ce dont on a besoin est la combinaison de 3 vertus »*, nous dit-il : *« Passion, Courage et Imagination »*.

Il ajoute : *« Toutes les espèces vivantes sont comme les ingénieurs et mécaniciens de notre écosystème planétaire. Ils sont si nombreux que nous pouvons en détruire un grand nombre sans voir la catastrophe arriver. »*

Des mots forts, posés, qui forcent le silence et la réflexion.

Cet homme incarne sa mission de vie. Sa passion, sa détermination et sa force tranquille font de lui un ennemi d'état pour les autorités japonaises, par exemple, qui soutiennent l'économie de la chasse à la baleine. 3 heures sous la pluie fine et transperçante issue des océans pour discuter avec tous ces anonymes venus le soutenir. Un honneur pour les présents.

Ça fait chaud au cœur. Ça fait aussi réfléchir sur nos propres actions et notre engagement pour nos enfants. En quoi ce que nous faisons avec passion, courage et imagination sert-il ou dessert-il l'équilibre du monde de demain ?

Autre rencontre d'exception, Dr Jane Goodall. Une véritable rock star !!! À 90 ans, cette femme est un monument par son engagement depuis toujours pour la cause animale, environnementale et un monde meilleur pour tous. Elle se définit comme scientifique, aventurière et activiste. Et pouvoir la rencontrer est un vrai cadeau.

10 minutes d'applaudissements nourris de 1500 personnes l'ont accueillie à sa discrète entrée sur scène à l'UNESCO. Sa force intérieure, son humilité, son sens de l'humour (*« Tarzan n'a pas épousé la bonne Jane ! »* nous dit-elle), son espoir clairvoyant… et une détermination qui paraît infinie. Et elle emporte l'adhésion et l'engagement des autres : *« Because you did it, I can do it too »*. Cette phrase me fait bien sûr penser au parcours inspirant de mes amies Hermès Garanger présente avec moi ce jour-là, ou l'astronaute afro-américaine Jeanette Epps.

Prendre le temps d'écouter le message de Jane Goodall est une bouffée d'oxygène pour soi et pour un monde meilleur si on en fait l'effort. Ses mots m'ont renvoyé au temps de mes missions en Afrique du Sud, où, en absolu contraste avec les chantiers industriels, j'ai pu passer des journées à contempler et m'émerveiller dans l'immense « ferme » d'un ami. Nous pouvions randonner et observer ces animaux extraordinaires en totale liberté, sans crainte des prédateurs. Autre ambiance en voiture, cette fois dans le Parc Kruger, dont la réputation n'est plus à faire. La beauté sauvage du monde est incroyable et inspirante. Jane Goodall m'a touché au plus profond, et m'a rassuré davantage encore sur mon propre chemin de vie, malgré toutes les difficultés à surmonter.

Cyril Dion a magnifiquement partagé avec elle un échange de questions/réponses avec la salle. Elle jette alors un froid dans l'assemblée en nous disant : *« l'humanité n'a pas d'intelligence, et il ne faut rien en attendre. Par contre, les individus et les communautés, les organisations en ont une et ont la capacité d'agir. »* Je partage l'idée, par exemple, que, si chacun limite sa consommation animale, l'élevage industriel intensif n'aurait plus sa place et nous respecterions la vie terrestre dont nous faisons partie intégrante. Ainsi l'équanimité n'est pas qu'un concept philosophique, c'est très concret et la cause animale en fait partie.

En discutant avec lui un peu plus tard, il partage l'idée qu'en complément de ces valeurs fondamentales, la haute technologie peut nous aider à aller vers un monde meilleur, mais en privilégiant la low-tech et la frugalité quand cela est possible.

Matthieu Ricard, moine bouddhiste français et photographe respecté, s'interroge sur notre attitude face aux dérives actuelles. Les chiffres de la destruction massive des espèces animales marines et terrestres sont sidérants[33]. Il nous partage : « La bienveillance sur le long terme, c'est la considération pour les générations futures, qui, si nous continuons comme nous le faisons maintenant, diront : vous saviez, et vous n'avez rien fait. »

Ce que j'ai entendu renforce mes convictions. D'ailleurs, plus nous avançons dans notre projet Zephir, et plus cette forme de cohérence s'impose à nous. Au fil des ans, il devient une cause, bien au-delà de l'exploit sportif. Nous sommes, je pense, sur la bonne voie.

---

[33] Matthieu Ricard attire notre attention sur le sort de 8 millions d'espèces, qui sont nos concitoyens sur Terre : tous les 2 mois, nous tuons 120 milliards d'animaux marins et terrestres, c'est-à-dire le nombre d'homo sapiens qui ont vécu sur terre.

À la Conquête de l'UltraPerformance

9 – Où en est Zephir Project début 2025 ?

Tout en réfléchissant avec l'équipe au sens profond de ce que nous entreprenons et à la cohérence de nos actions dans Zephir, Antoine et Pierre n'enfilent pas des perles comme on dit ! Et c'est aussi l'engagement et l'action tels que nous les aimons. Reprenons ensemble l'enchaînement des avancées du projet et les dernières performances de nos champions avec de nombreux chiffres !

25 était certainement un chiffre trop petit pour Antoine, il fallait revoir ça ! Quatre ans après son dernier titre en slalom en 2019, le 30 avril 2023, Antoine Albeau entre plus encore dans la légende du sport français avec un NOUVEAU TITRE DE CHAMPION DU MONDE, le 26e !

Lors de cette semaine de compétition, le gratin mondial est réuni à La Palme près de Leucate (France) pour l'évènement de l'année. C'est *« The ISWC World Speed Championship »* organisé par Andrea « Principe » Baldini, le Prince de la vitesse. Principe est très actif pour faire vivre cette magnifique base de vitesse unique au monde et porter la discipline. Comme pour un championnat en athlétisme, pour gagner, il faut être le plus rapide. Quand une manche est officiellement lancée par un drapeau vert, le run est ouvert avec chronométrage officiel et les coureurs se succèdent « pied au plancher ». Il y a beaucoup de stratégie au départ, car cela prend une quinzaine de minutes pour revenir au départ. Et pendant ce temps-là, les conditions de vent peuvent être favorables aux autres concurrents.

La bataille est rude avec des conditions de vent instables, mais la dernière journée est parfaite dans 35 nœuds de vent établis. Place aux champions ! Cinq heures passées sur l'eau, et 3 courses clefs où Antoine enchaîne deux victoires et une place de second devant tous ces jeunes loups. Et cerise sur le gâteau, il établit le meilleur temps de la compétition à 45,08 nœuds de moyenne. Les références du moment, Vincent Valkenaers et Matteo Iachino (champion du monde PWA 2023 en slalom) complètent le podium. À 50 ans, le champion marque un peu plus encore son sport de son empreinte avec ce 26e titre mondial !

Quelques semaines plus tard, Antoine enfonce le clou. Les records se cachent aussi dans les détails et il améliore ses deux records du monde de vitesse en foil et en aileron sur le mille nautique (vitesse moyenne sur 1852 m). Et le WSSRC (World Sailing Speed Record Council) vient officialiser la ratification internationale de ces performances.

Son ancien record de 2020 en windfoil passe de 30,82 nœuds à 35,47, soit 65,7 km/h de moyenne ! Rebelote le 30 juin 2023, sa vitesse monte encore d'un cran en aileron sur le mille nautique (1852 m) à 44,12 nœuds de moyenne (81,71 km/h). Les conditions sur le spot sont presque parfaites, Antoine reste au sommet de son art.

En septembre 2024, nouvelle amélioration des performances. Antoine vient flirter avec la barre des 40 nœuds en windfoil et marque un nouveau record mondial sur 500 m en compétition officielle à La Palme. 2 nœuds supplémentaires de gagnés à 37,67 de moyenne ! D'après son GPS, il atteint 40,1 nœuds en pointe. Cela n'est pas parfaitement fiable, mais c'est bon pour le moral, car ils sont seulement une petite poignée à ce niveau dans le monde. Notre objectif de 40 nœuds sur 500 m se rapproche un peu plus.

À la même période, notre jeune rider Pierre Schmitz, 18 ans, devient le premier Champion de France Espoirs en Wingfoil (catégorie U19, moins de 19 ans). Dans les pas d'Antoine, Pierre est un exemple de travail et d'engagement. Voici un titre qui veut dire beaucoup dans une discipline du wingfoil qui est si jeune, mais déjà ultra-compétitive. L'équipe est fière de ton parcours, Pierre, et de pouvoir t'apporter notre expérience du détail et du haut niveau.

Où en est Zephir Project début 2025 ?

Plus tôt dans l'année, Pierre a remporté le légendaire Défi Wing dans sa catégorie et terminé 3ᵉ aux championnats d'Europe en Suisse. Une très très belle année pour Pierre, qui bascule en 2025 avec les séniors où le niveau international est stratosphérique. Il est motivé !

Entre compétitions et sessions de navigation plaisir au club d'Antoine sur l'île de Ré[34], l'été 2024 a été bien actif côté big data, modèles d'analyse IA et simulations numériques !

Cette phase n'est pas très spectaculaire, il faut bien l'admettre, mais absolument décisive pour atteindre nos objectifs de haute performance décarbonée. Et nous avançons bien.

Les data scientistes de notre partenaire BPCE Solutions informatiques[35] ont ainsi identifié des modèles numériques très efficaces pour les prédictions de vitesse. La précision obtenue à 2 secondes est assez bluffante ! Et nous devrions pouvoir les implémenter expérimentalement comme aide en navigation dans les prochains mois grâce à nos experts. Tout cela est très prometteur, d'autant plus que BPCE Solutions informatiques ont automatisé les cycles de traitement de nos acquisitions big data.

Les simulations numériques portent leurs fruits grâce aux équipes hyperengagées du groupe ALTEN[36], leader mondial en ingénierie IT et partenaire majeur de Zephir Project. Les prochains prototypes de planches pour Antoine pointent leur nez pour de premiers tests fin 2024.

Grâce à SBG Systems en particulier et au FabLab d'ALTEN, une nouvelle chaîne de mesure nomade et autonome voit le jour. Nous

---

[34] L'école de voile Les Dauphins Antoine Albeau se trouve sur la commune de La Couarde, plage du Peu Ragôt. Elle est ouverte en été de juin à septembre.

[35] BPCE Solutions informatiques est née le 1er avril 2022. Elle réunit les équipes de développement logiciel retail du Groupe BPCE (Banque Populaire, Caisse d'Épargne, CASDEN, Crédit Coopératif, Natixis…) et regroupe environ 2600 collaborateurs.

[36] Alten est une multinationale française d'ingénierie et conseil en technologies et une entreprise de services du numérique (ESN) créée en 1988. Elle est présente dans plus de 30 pays et emploie en 2024 plus de 57 000 salariés.

allons pouvoir multiplier les acquisitions de données de grande précision à 200 Hz sur les supports et leurs configurations multiples.

En ligne de mire, nous avons la planche à aileron, le windfoil, et le wingfoil avec Pierre Schmitz. Ces matériels vont passer au crible des mesures et de ces algorithmes de pointe. Il pourrait en sortir des modèles prédictifs multisupports. Déjà les prémices d'une révolution dans les sports nautiques ? Pourquoi pas ?

Durant tout le mois de novembre 2024, Antoine rejoint la base de Lüderitz en Namibie pour y défendre son record historique de 2015. Souvenez-vous, il avait alors atteint 53,27 nœuds (98,65 km/h) de moyenne sur ce canal semi-artificiel.

Après trois semaines de réglages, tests et travail d'analyse, le dimanche 1er décembre, Antoine enchaîne 3 runs à plus de 53 nœuds dans un vent de 40-45 nœuds, et non pas 50-55 comme en 2015. Jamais personne n'avait réussi tel exploit. Je vous invite à voir des images en caméra embarquée, c'est décoiffant ! Il repart avec un nouveau Record du Monde officiel à 53,49 nœuds, soit 99,06 km/h. Grâce à sa maîtrise, son engagement et sa ténacité, Antoine entre un peu plus dans la légende de la voile.

La barre mythique des 100 km/h se rapproche tout doucement.

Notre équipe a pu aider Antoine à améliorer les performances sur ce matériel de windsurf traditionnel avec deux éléments techniques :
- Un nouveau revêtement de surface de notre partenaire historique Nautix, qui a été travaillé au ponçage,
- De nouveaux ailerons asymétriques particulièrement aboutis, designés par Ponpon et Antoine.

Antoine nous partage : *« La planche est plus vive, avec un comportement sain. Du coup, l'aileron et la planche sont plus efficaces et se font oublier à haute vitesse. »*

Où en est Zephir Project début 2025 ?

Une clef de la très haute performance est souvent «plus de confort»… Même si à très haute vitesse, tout reste très relatif ! Un gros axe de travail dans Zephir Project avec nos partenaires industriels porte sur une meilleure compréhension de ces surfaces mouillées à très haute vitesse. Comme en ski, quelle matière associer à quelle architecture (stries, motifs…) pour repousser les limites hydrodynamiques des profils ? Le secret de la glisse absolue s'y trouve en partie.

Comme attendu, un nouveau prototype de planche voit le jour en octobre 2024. C'est un POC, «Proof of Concept». Les derniers calculs des ingénieurs d'ALTEN nous ont permis d'affiner ce nouveau concept. C'est le premier étage de notre fusée nautique à la surface de l'eau que nous devons valider. Là où l'air et l'eau se mélangent intensément… C'est une zone critique particulièrement complexe. Et un secret bien gardé par la Nature !

Nous voulons tester rapidement ce nouveau matériel pour savoir si ça fonctionne, mais la mauvaise météo nous fait perdre du temps. Antoine doit partir en Namibie, et c'est donc Olivier qui va devoir s'y coller le premier, comme doublure du champion. Personnellement je n'ai pas du tout, mais pas du tout le niveau !!!

La météo est plutôt bonne avec 30 nœuds annoncés. Mais, comme toujours, c'est plus compliqué que prévu. Ces tests ne sont pas simples du tout. Et puis, si la planche accélère… qu'est-ce qu'il va se passer ?!

Notre plage habituelle du Rouet est inondée et l'accès devenu impossible. Nos voitures baignent littéralement dans l'eau de mer… Demi-tour à contrecœur et direction Port-la-nouvelle. Le vent y est plus faible, mais nous voulons savoir.

On se prépare méticuleusement avec Olivier, casques radio étanches pour discuter à distance, prototype sous housse, je m'éloigne à pied pour nous isoler pendant qu'Olivier s'échauffe et me rejoint par la mer avec son matériel de slalom.

Changement de planche dans le vent, c'est le moment tant attendu. Le vent est léger, mais Olivier arrive à partir.

Il commente en direct : « *Ça part bien et ça accélère. Je ne sens rien d'anormal, ça tient pour le moment… WOWOW !* (Il m'éclate l'oreille !) *C'est vraiment super stable, ça ne bouge pas… Je pars à l'abattée pour voir…* (il change sa direction). *Génial, ça marche, Marc, ça marche !!! »*

Face aux caprices du vent et de la mer avec des vagues qui cassent au bord, ce n'est pas la peine d'insister et de prendre des risques inutiles. Ces premiers bords sont déjà très instructifs. Le comportement du matériel est sain. Ce soir, on a tous les deux le sourire !

Alors, voici nos prochains objectifs :

– Naviguer à plus de 40 nœuds, puis 50 nœuds stabilisés en mer ouverte avec Antoine. Il est impatient, le prototype qu'il imaginait dans mon fourgon lors de notre rencontre, est peut-être là…

– Enregistrer un maximum de données en navigation (c'est le monde réel transformé en data).

– Les analyser avec nos modèles d'IA (comprendre et prédire le futur).

– Rapprocher plusieurs univers : les simulations numériques, les modèles d'IA, les matériaux et les méthodes de construction.

Une nouvelle voie très prometteuse s'ouvre vers la haute vitesse avec une construction qui pourra être bien plus écoresponsable que l'existant, face à ces dérives de la performance à tout prix. À présent, c'est à nous tous de transformer l'essai ! Ça se passera certainement à la frontière entre ciel et mer, avec qui sait, de nouvelles victoires pour Antoine et Pierre, des titres mondiaux et des records !

10 – 7 piliers vers la haute performance du futur

Toutes ces années d'expérience autant dans les milieux extrêmes en sport qu'en industrie me permettent de toucher du doigt les limites de ce que j'appelle la performance pure. Celle où l'on pousse tous les curseurs au maximum, quel qu'en soit le prix. Sortir exténué d'un record du monde ou d'un projet en industrie n'est pas vraiment épanouissant.

Comme je l'ai évoqué précédemment, quelques jours avant mon départ vers l'Inde et la résidence du Dalaï-Lama, j'ai la chance de pouvoir rencontrer Hermès Garanger. Une discussion qui va profondément me marquer. À seulement 19 ans, Hermès est la plus jeune femme occidentale à être devenue Lama, titre officiel d'enseignant du bouddhisme tibétain. Pour cela, il faut effectuer une longue retraite de méditation… Hermès a grandi avec ses parents et son petit frère au cœur de centres tibétains. Elle est d'ailleurs née en Écosse dans le tout premier temple européen. À l'âge de 15 ans et demi, suite à un désistement trois jours avant l'entrée en retraite, elle accepte la place qui lui est proposée. Malgré toutes les réserves légitimes de ses parents, elle parvient à négocier avec eux son départ en retraite de méditation, retirée du monde, pour trois ans, trois mois et trois jours. C'est une expérience unique par l'intensité, mais aussi par la durée. Isolée du monde dans sa cellule de neuf mètres carrés, la jeune Hermès médite quatorze heures par jour. Elle dort assise dans sa caisse de méditation d'un mètre sur un mètre pour poursuivre la méditation dans le sommeil et « jouer » avec ses rêves. Elle vit sans chauffage malgré les hivers rudes de la Bourgogne, avec comme seul horizon un bout de ciel, des nuages, et parfois un arc-en-ciel miraculeux… Au sein du petit centre de retraite, elle doit aussi trouver sa place socialement dans ce groupe avec neuf autres femmes de tous âges et de toutes nationalités. Son chauffage à bain d'huile faisait sauter les plombs du centre… Alors, elle en a pris son parti, c'est ainsi, « les adultes ont dit de le débrancher ! ».

Elle a rangé son petit chauffage, sans rien dire, et a compensé avec des couvertures pendant trois hivers. Histoire folle !

Impliquée chaque instant comme personne, elle y développe une force intérieure inouïe. L'expérience est particulièrement rude, elle est extrême physiquement et psychologiquement, mais elle y trouve l'équilibre qui est le sien, harmonie intérieure et flow comme les plus grands sportifs que je côtoie. Avec aujourd'hui plus de 30 000 heures de méditation, elle évolue entre vie moderne de maman, productrice de télévision, tout en restant au plus près des plus grands Maîtres du bouddhisme tibétain.

Hermès me dit lors de notre discussion : *« N'attends rien de ton voyage, tu vas partir, y vivre chaque instant et tu reviendras changé à jamais »*. Ses mots, plutôt abstraits, m'ont marqué. Nous nous croiserons très ponctuellement pendant les années qui suivirent, mais c'est une certitude, elle avait vu juste. Aussi, une phrase du Dalaï-Lama résonne tout particulièrement avec les mots d'Hermès. Il nous dit : *« Le monde sera sauvé par les femmes occidentales »*. On pourrait imaginer qu'il parle de féminisme ou de Girl Power. Mais je vois dans cette phrase la notion d'équilibre des forces, du Yin et du Yang. La performance pure et la dimension technique sont des notions très masculines et très Yang. Tandis que la bienveillance envers l'autre, l'écoute, la dimension humaine sont plutôt Yin et incarnées par la part féminine en chacun de nous.

Et si nous pouvions trouver cette nouvelle forme d'équilibre de façon très opérationnelle et concrète dans nos entreprises, nos organisations ou nos projets. Et si cela devenait véritablement accessible à tous. Cette prise de conscience m'a permis de mettre à plat 7 véritables piliers qui résonnent avec chacune de mes expériences. Comme 7 boussoles simultanées qui contribueraient à la plus belle des trajectoires d'un projet. Boussoles dont il faut écouter attentivement les signes pour pouvoir en analyser les écarts avec humilité. En mettant tout en œuvre pour que ces repères soient tous au vert, nous pouvons développer un équilibre entre toutes ces forces Yin & Yang.

Mes chapitres de vie, je les ai vécus avec mes convictions, mes fragilités et toute ma curiosité. Ces 7 piliers sont le fruit de ce que je ressens au plus profond de moi, et de ce que j'ai pu observer dans tous les domaines où j'ai pu évoluer. En aucun cas, ce n'est la recette absolue du succès. Par contre, si ces piliers sont respectés et que les personnes sont accompagnées dans la durée pour les comprendre et les assimiler, alors l'organisation et le projet en seront changés et transcendés. *« Sans espoir ni crainte »*, comme nous dirait Hermès, les résultats atteints techniquement et humainement peuvent dépasser toutes les attentes.

Les voici !

Pilier n⁰ 1 : « Mindset d'Explorateur »

Nous passons notre enfance à nous dépasser, à dépasser les limites, et cela commence dès la première minute à la naissance. Nous y sommes tous passés ! À vrai dire, je n'en garde évidemment pas un grand souvenir, ma mère s'en souvient très bien par contre. Quel choc, physique, émotionnel, mental ! Puis viennent le premier pas, le premier mot, puis le premier jour à l'école. Autant de moments où nous devons prendre sur nous et nous dépasser. Nous ne le voyons pas vraiment venir, mais, petit à petit, au fil de notre éducation, de nos rencontres, de nos expériences de vie, des barrières se forment autour de nous. Des limites plus ou moins conscientes ou inconscientes qui nous freinent dans nos actions. Les astronautes ou les plus grands sportifs peuvent nous fasciner par leurs exploits, pourtant, nous avons tous ce même ADN de l'enfance en nous, une sorte d'ADN enfoui d'explorateur aventurier.

Au fil des années et des rencontres, j'ai la chance de côtoyer de grands noms de l'exploration. J'ai pu les observer, analyser leur comportement, et j'ai essayé de comprendre s'ils avaient une clef. Une sorte de clef magique qui donne accès à ce dépassement ultime et maîtrisé. Évidemment, mes amis Éric Barone et Antoine Albeau font partie de ce beau panel. Il s'agit aussi de personnes extraordinaires comme Mike Horn, qui parcourt le globe par tous les moyens, ou encore de grands navigateurs en activité, comme François Gabart, Armel le Cléach, Thomas Coville ou Yannick Bestaven. Citons encore la jeune garde qui participe à la Coupe de l'America et le SailGP, comme Quentin Delapierre. S'ajoutent à ce panel tous ces champions olympiques ou paralympiques que nous côtoyons.

La réflexion s'enrichit aussi de mes rencontres avec ces astronautes, comme mon amie Jeanette Epps, depuis 1994 à l'université du Maryland, et qui est partie huit mois dans l'espace en 2024. J'ai eu aussi la chance de passer du temps en privé avec Jean-François Clervoy, qui a volé trois fois sur la navette américaine et manipulé le fameux bras articulé, ou encore Thomas Pesquet, notre star française et européenne de l'espace.

Malgré la diversité de leurs milieux hostiles, toutes ces personnes atypiques partagent un point commun vital de la première à la dernière seconde de leurs aventures. C'est ce que j'appelle le « Mindset d'Explorateur ». Et cela va bien au-delà des mots que l'on peut plaquer sur le mot explorateur comme audace, engagement, dépassement, curiosité, optimisme, envie, passion, risque, danger, etc. Évidemment, leur préparation est poussée à l'extrême pour ne laisser aucune place à d'éventuels aléas.

Premier point clef de ce Mindset si particulier : quel que soit le niveau de préparation, ils ont en tête que tout peut arriver. Tout peut arriver à n'importe quel moment, sans pour autant avoir pu percevoir des signes annonciateurs. Les objectifs du projet peuvent être entièrement remis en cause.

Ainsi, non seulement tout peut arriver, mais surtout, *« c'est OK »* ! dans le sens où cela devient une composante nouvelle à gérer.

Il n'y a pas de place ni de temps pour se poser des questions sur le fait que l'objectif ne sera peut-être pas atteint. Les étapes vont devoir changer et il va falloir se remettre en question. Pas une seconde pour se dire que, peut-être, on aurait dû faire les choses différemment… Quel que soit le niveau de « chaos » perçu du fait de cet imprévu, ces explorateurs basculent immédiatement dans une nouvelle phase, celle de l'observation. Réagir ainsi parce qu'ils ont confiance, une confiance infinie dans la nature, dans le fait qu'il y a nécessairement une voie pour sortir de l'impasse. Lorsqu'un écosystème est perturbé, forcément, un nouvel équilibre va se créer. L'image d'un tsunami est bonne : c'est la conséquence d'un rééquilibrage des tensions dans les sols, et, malgré un déchaînement des éléments, le calme suivra nécessairement.

Cette confiance vient autant de leur préparation individuelle, que du collectif qui les entoure, à travers leurs expériences de vie cumulées, ainsi que l'expérience même du projet en cours. Ce sont des ressources quasi inépuisables pour franchir les obstacles. La confiance est ainsi leur atout suprême pour survivre à toute situation. Chacun de ces explorateurs est capable de se transcender quasi instantanément face à la difficulté, aussi grande soit-elle. Ainsi l'imprévu fait partie intégrante de l'histoire qu'ils sont en train d'écrire et c'est une forme de continuité de la première à la dernière seconde de l'aventure. On s'éloigne en toute conscience des trois comportements ancestraux, dits reptiliens, qui sont nos instincts de survie. Il ne s'agit pas de fuir, de « faire l'autruche » ou de surréagir, mais de réagir en étant « observateur », tout en se protégeant physiquement.

L'approche en trois temps de la méthode BrainShift© que nous avons développée précédemment s'applique parfaitement à ces situations critiques :

1– Observer et assimiler son nouvel environnement,
2 – Innover pour se donner des moyens d'action,
3 – Influencer la situation et reprendre sa marche en avant.

Quand ce Mindset d'Explorateur est assimilé par toutes les personnes d'une équipe, on peut littéralement abattre des montagnes. On se nourrit de la difficulté, on se transcende vers un objectif même s'il évolue. La satisfaction que l'on en retire est sans limite individuellement comme collectivement. Ainsi, Mike Horn peut écrire en toute humilité : *« je n'établis pas de nouveaux records à battre, je modifie une certitude : ce qui était théoriquement impossible ne l'est plus. »*

<u>Synthèse du pilier « Mindset d'Explorateur » :</u>
Malgré un haut niveau de préparation, tout peut arriver, et *« c'est OK »*. La nature est bien faite, nous pouvons garder confiance en nous et entrer en action sans perdre une seconde : observer, innover, agir et influencer la situation.

Ce qui s'applique à de grands projets a aussi tout son sens dans notre vie quotidienne. La vie est remplie de surprises et d'imprévus de toutes natures ! Et cet état d'esprit est transcendé par le collectif. La relation à l'autre est la clef, c'est l'objet du second pilier : l'Intimité Professionnelle.

Avant d'aborder ce second pilier, je voudrais faire une petite parenthèse sur Mike Horn que j'ai eu la chance de rencontrer longuement avec sa famille au salon nautique de Paris en décembre 2022.

À la première poignée de main qui vous broie littéralement les os, à son regard perçant et malicieux, et aux premiers mots percutants, on comprend instantanément l'énergie vitale phénoménale de Mike. Il est hyperactif et fougueux, mais il incarne la sagesse d'un très grand aventurier des temps modernes. Je retrouve cette profondeur et cette vitalité chez mes amis Antoine ou Éric aux parcours de vie hors norme.

Fin 2019, Mike Horn part traverser en autonomie totale le continent arctique, accompagné de son ami norvégien Børge Ousland. À skis, ils tractent leurs pulkas à travers les glaces, sortes de traîneaux légers, avec cent kilos de nourriture et de matériel. Leur consommation moyenne journalière est de 6000 kcal avec des pics à 12 000 ! Bien loin des 2000-2500 kcal moyennes d'un homme sédentaire. À cause du réchauffement climatique qui fait fondre anormalement les glaces, leur progression vers le Pôle Nord est très lente, sans retour possible, et leurs rations vont manquer sur la durée. Désormais, c'est l'hiver arctique et la nuit noire est permanente. Ils viennent de vivre 85 jours d'enfer, avec des stratégies de course toujours plus dures à supporter, un rationnement extrême et une perte de poids incontrôlable, sans compter leurs gelures. Ils touchent presque au but quand ils aperçoivent au lointain les lumières frontales de leurs deux amis venus à leur rencontre. Deux jours « seulement » les séparent du Lance, brise-glace norvégien venu les extraire du froid polaire. Les deux filles de Mike sont à bord.

Le moment est extraordinaire, et Børge dit alors à Mike : *« rejoins-les, je te filme »*. Mike s'exécute dans l'euphorie avec tout son attelage. Mais après quelques mètres, Mike disparaît devant son ami, car la glace vient de se rompre sous ses skis. Plongé dans l'eau glacée, il se trouve en plus sous l'emprise du courant sous la glace qui manque de l'emporter. Par miracle, il arrive à ressortir un ski de l'eau, s'appuyer sur la banquise et s'extirper du piège mortel, aidé par le cordage de son compagnon venu à la rescousse. Instinctivement, il se roule dans la neige pour que l'eau gèle sur lui, pendant que Børge dresse la tente en quelques minutes pour l'abriter du froid qui le transperce et va tuer. Mike s'en sort in extremis. Ces images tournées par Børge avec sa caméra infrarouge sont hallucinantes. Elles font le tour du monde. Mike, lui, est marqué à vie, comme le disent ses filles Annika et Jessica : *« Paps est revenu changé, et vulnérable »*. Il commet une erreur, une seule erreur, à la toute fin de ces 87 jours d'expédition alors qu'après avoir vécu l'enfer, le dénouement heureux est sous ses yeux.

La Nature sait nous rappeler à l'ordre violemment. C'est ainsi, de la première à la dernière seconde de tout projet, le succès ou l'échec ne tiennent qu'à un fil. Et l'état d'esprit, le « mindset », fait toute la différence.

Trois ans plus tard, Mike nous partage ces mots au Salon Nautique :

— *« Notre rôle d'aventuriers explorateurs n'est pas de dire aux autres ce qu'il faut faire, mais de les inspirer par nos actes à s'engager pour la planète ».*

— *« Quand tu as sécurisé ta préparation technique avec, par exemple des ressources énergétiques multiples pour tous les cas de figure, alors tu peux partir gonflé à bloc… »* (après *« gonflé à bloc »*, les mots de Mike sont bien plus fleuris !)

— *« Antoine, moi je nage bien, mais il faut que tu m'apprennes le windsurf, ou alors tu m'emmèneras assis sur ta planche Zephir ! »*

« Rendez-vous pris, Mike ! » lui répond Antoine, *« Quand tu veux, par contre, ça va être chaud, prépare-toi mentalement ! »* Et nous nous quittons dans une franche rigolade.

Pilier n⁰ 2 : « Intimité Professionnelle »

L'intimité professionnelle est mon second pilier, il est intrinsèquement complémentaire au Mindset d'Explorateur.

Le mot « intimité » est un peu provocateur dans notre société d'aujourd'hui. L'intimité fait peur dans le monde professionnel. Il m'est même arrivé qu'un client pour une conférence me demande de l'éviter. Mais l'« intimité professionnelle » est une relation particulière à l'autre. Il ne s'agit pas de devenir « pote » avec les collègues et d'aller boire des coups les soirs et les week-ends en dehors des heures de travail, mais plutôt d'une relation humaine rééquilibrée.

On constate concrètement avec ce pilier de très nombreux effets qui nous impactent individuellement, et modifient notre fonctionnement collectif. Citons la baisse des ego, le non-jugement de l'autre, un leadership alterné, une meilleure écoute, une forme de vulnérabilité qui permet de mieux échanger, mais aussi une forme de confiance dans notre relation à l'autre. Un peu comme par magie, on constate rapidement que les distances diminuent, que les tensions s'effacent naturellement. Les managers évoluent dans leur approche pour être davantage connectés aux équipes opérationnelles, productivité et rayonnement du groupe sont décuplés.

Comme exemple concret, lors de l'ultime record de vitesse en mars 2017 avec Éric Barone, nous avions pu organiser quelques sessions de groupe dans ce sens avec toute l'équipe. Ce travail de cohésion avait été fait un peu plus tôt, en janvier, lors d'un report pour cause de météo. Et ce lien aux autres avec nos tripes a perduré. L'effet avait été assez incroyable avec une sensation de fluidité dans les décisions face aux plus grandes difficultés. Lorsqu'Éric se fait secouer dans tous les sens sur la piste et atteint tout juste les 220 km/h, c'est l'incompréhension la plus totale. Notre état d'esprit et cette intimité professionnelle ancrée en nous ont clairement permis de découvrir ensemble les problèmes d'irrégularités de la piste. Nous avons pu alors reprendre le contrôle de la situation avec la station de Vars, jusqu'au record absolu de 227,72 km/h le lendemain matin.

Comme je l'ai abordé précédemment, pendant mon voyage à Dharamsala pour rencontrer le Dalaï-Lama, la notion de « non-jugement » de l'autre m'a touchée tout particulièrement. Dans notre société d'aujourd'hui, nous passons notre temps à juger les autres. À la moindre contrariété, ou lorsqu'une personne nous blesse physiquement ou émotionnellement. Si nous nous sentons agressés, notre premier réflexe est de juger l'autre. Comme si son action, qui nous affecte, était volontaire dans le but de nous nuire. Or, dans la plupart des cas, même avec des proches, nous ne connaissons que très peu la personne. Nous avons peu d'informations sur son éducation enfant, sur son expérience de vie, sur son état émotionnel du moment. Je suis dans l'ignorance totale de ce qu'il ou elle a pu vivre ces dernières heures ou de ce qui l'attend. Nous sommes dans le jugement instantané. Aucune place pour une éventuelle bonne raison à son action.

Or, il s'avère que, dans la plupart des cas, nous agissons sous une forme de contrainte liée à notre propre histoire ou à des évènements qui nous font réagir. Peut-être que la personne qui me bouscule dans le métro a perdu l'équilibre à cause d'autre chose dont je n'ai même pas connaissance. Peut-être que cette personne qui nous observe avec insistance (trop !) ce matin à la machine à café a juste un problème de vue et a du mal à reconnaître un visage à quelques mètres. Peut-être que la personne qui a une action répréhensible par la justice a elle-même ses convictions et ses « bonnes raisons » liées à sa sphère d'influence. Ses actes et leurs conséquences peuvent être jugés par un tribunal, mais cet être n'a peut-être pas un mauvais fond. Un manager peut vivre une telle pression de sa hiérarchie, que son comportement auprès de ses équipes peut être altéré par ce mal-être bien caché…

Nous pouvons appliquer volontairement cette routine de temporisation avant tout jugement, comme un filtre. En admettant que l'action ne soit pas forcément menée contre nous, nous nous rendons compte que les conflits sont minimisés, qu'il n'y a plus d'embrasement dans la plupart des situations. Une forme d'apaisement général s'installe pour le bénéfice du collectif. Cette clef du non-jugement a aussi un impact sur l'expression de notre ego. Nous sommes très sensibles au fait que d'autres personnes empiètent sur notre espace. Ce non-jugement influence ainsi notre comportement en société pour le rendre moins égocentré.

Pour servir cette forme d'intimité professionnelle, il y a un autre point intéressant à observer. Dans les tribus ancestrales comme les Papous, lorsqu'une équipe part à la tâche pour construire un chemin d'accès au-dessus d'une rivière, par exemple, il s'avère qu'il n'y a pas de « manager en chef » dans l'équipe. Chacun prend le lead en fonction de la situation et de son expérience. Ce leadership alterné apporte une agilité et une efficacité redoutables, il permet d'apporter plus de confiance dans le collectif. Chacun trouve sa place.[37]

Ce pilier de l'intimité professionnelle se travaille de multiples façons par les prises de conscience individuelle ou des moments collectifs bien choisis et structurés. Il se consolide dans le temps avec une grande résilience, car ce sont des valeurs humaines ancestrales et communes à tous au plus profond de nous.

<u>Synthèse du pilier « Intimité Professionnelle » :</u>
Créer les conditions d'une relation humaine apaisée, d'un collectif soudé par le non-jugement, la baisse des ego, un leadership alterné, la bienveillance, la vulnérabilité et la confiance.

---

[37] Mes amis Muriel Barra et Marco Rebuttini (réalisateurs, vidéastes et photographes engagés), ou l'ethnologue Karine Massonnie, sont des témoins privilégiés de nos racines ethniques ancestrales.

Pilier n⁰ 3 : « Humilité & Transmission »

Un projet ou une organisation s'appuient sur la combinaison de nombreuses personnes aux profils variés, que ce soient l'âge et l'ancienneté, l'expérience professionnelle ou encore le positionnement social. Mais, dans notre société, l'humilité est-elle une réelle force ou plutôt une faiblesse ?

Thomas Pesquet, notre spationaute français, m'a vraiment surpris quand nous avons parlé ensemble du stress et des peurs en mission. Et cela n'a rien à voir avec les films Gravity ou InterStellar !!! Et pourtant…

Thomas préparait alors sa deuxième mission. Tout est sous contrôle et chaque geste est répété autant que nécessaire pour être accompli avec un stress émotionnel quasi nul. J'ai pu personnellement observer ce type de mesures (HRV Heart Rate Variability) lors de notre dernier record de vitesse avec Éric Barone.

Malgré tout ce travail préparatoire, Thomas m'a confié avoir eu un moment très « flippant » en scaphandre, les pieds fixés à l'extrémité du bras articulé de 17 mètres de long. Sa collègue Megan le manipule depuis l'ISS avec deux joysticks… Phénomène très étrange dans cette situation de sortie véhiculaire, lorsque l'astronaute ne se retient pas à la station avec les mains, le cerveau reçoit l'information contradictoire que son corps se jette dans le vide spatial.

Ainsi, sans pouvoir s'y préparer, Thomas se retrouve seul face au noir de l'espace, avec comme seul repère notre planète bleue qui défile à 400 kilomètres sous lui. Il est alors pris d'angoisse et d'une énorme sensation de vertige. Une forme d'instinct animal l'a rattrapé dans ce milieu très hostile. Il m'a expliqué avoir géré ce moment critique totalement imprévu et « faire le job ». Comme quoi, même super bien préparés, sans cette forme d'humilité face à nos propres réactions, et ce mindset d'explorateur prêt à tout subir, nous pouvons nous mettre en très grand danger.

L'humilité est une grande force pour certaines personnes d'exception, comme Thomas. L'humilité est aussi le point de départ d'une relation équilibrée avec l'autre. Être à l'écoute de l'autre, ne pas faire étalage de notre ego, change tout dans la relation. Chacun peut apprendre de l'autre que l'on soit le plus ancien dans l'organisation ou le dernier arrivé.

Sans être caricatural, le parcours d'« intégration » d'un nouveau salarié peut faire sourire. Accompagné pendant deux heures par son « tuteur », il découvre où se trouvent les différents services, le réfectoire, les toilettes et surtout on lui remet les « manuels » de l'entreprise. 24 heures sont passées, et la personne est déjà intégrée à l'équipe. Tout est parfait ! Elle continuera son intégration au fil des jours. Or, comprendre la culture d'un groupe et l'historique des relations interpersonnelles prend du temps et l'attention des autres. Dès le départ, la transmission est une clef.

Comme une forme d'équilibre entre apprendre de l'autre et lui transmettre son savoir et les bons repères, ce pilier Humilité & Transmission amène du liant dans le collectif, de la confiance en l'autre et du respect. La notion de leadership alterné est un bon exemple de mise en retrait par rapport à la personne la plus adaptée à la situation. On se met au service de celui qui sait et on peut lui apporter aussi notre compétence pour le bien commun. Le jeune qui arrive se sent naturellement bien accueilli, il perçoit une forme de bienveillance. Le plus ancien est respecté, écouté, et ne peut être que moteur.

Si vous le voulez bien, je vous propose un exercice bien particulier pour montrer que nous avons en nous, naturellement, cette humilité et cette capacité à transmettre à l'autre. Attention, cette expérience est un peu « extrême », vous êtes prévenus, mais particulièrement enrichissante sur nous-mêmes.

C'est le moment de vous lancer avec une personne de votre entourage. Proposez-lui de mener une expérience unique, les yeux dans les yeux.

Les instructions sont simples : asseyez-vous face à face, en gardant un contact physique avec l'autre personne. Il s'agit simplement de vous tenir la main, par exemple, ou d'avoir une main sur l'épaule de l'autre ou un simple contact avec vos genoux. Préparez un compte à rebours de 4 minutes. Regardez-vous fixement les yeux dans les yeux, dans le plus grand silence, sans dire un mot, sans changer de position et sans jugement de la situation ou de l'autre. Respirez lentement et profondément en utilisant au maximum une respiration ventrale pour vous apaiser.

Pendant tout le temps qui va s'écouler de ces 4 minutes, lâchez prise sur vos pensées, laissez-les aller ainsi que vos émotions, autorisez l'autre à accéder à vos propres émotions, ne cherchez pas à prendre ou garder le contrôle. Comme un petit enfant qui vous regarde dans les yeux depuis sa poussette, soyez pleinement présent à l'autre et à vous-même à chaque instant.

Une fois seulement les 4 minutes écoulées, vous pourrez échanger sur l'expérience. À très vite !

En s'impliquant pleinement dans cette très courte expérience, on se rend compte que nous avons naturellement cette capacité à nous connecter à l'autre, à baisser notre armure, et à repousser nos limites. C'est la parfaite illustration de cet état d'esprit et de l'équilibre « Humilité & Transmission ». Les barrières entre les personnes sont abaissées, et une forme d'intelligence et d'agilité collectives prend forme.

<u>Synthèse du pilier « Humilité & Transmission » :</u>
Chacun a toute sa place et peut apprendre de l'autre, recevoir, comme transmettre son savoir et son expérience.

Combiné à l'Intimité Professionnelle vue précédemment, l'expérience et le savoir se mettent à circuler librement. Rien de mieux pour s'autoriser à entrer en action, et être créatifs et innovants : notre pilier suivant.

Pilier n⁰ 4 : « Créativité & Innovation »

Au plus profond de moi, je ne sais pas pourquoi ces deux mots créativité et innovation me font tant vibrer depuis que je suis gosse. C'est comme si les prononcer ouvre les portes à tous les possibles. À partir du moment où on s'autorise à partir dans l'inconnu sans limite, le processus d'idéation et notre capacité à créer s'activent. Évidemment, il y a de nombreuses méthodes pour générer des idées et des solutions techniques et elles sont parfaitement documentées. En complément de ces méthodologies, je voudrais plutôt vous décrire le mindset particulier derrière ce pilier « Créativité & Innovation ».

Tout commence par une grande idée intuitive, une forme de vision. J'ai un projet global et un début de voie vers un grand objectif. Pour atteindre cet objectif, il faudra franchir de très nombreuses étapes qui, pour la plupart, me sont encore inconnues. On reprend ici le parcours de la méthode BrainShift© avec une première étape d'observation qui permet de trouver l'inspiration, et l'intuition qui comble les espaces manquants.

Un exemple magistral est certainement celui des ondes gravitationnelles, théorie proposée par Einstein en 1916. Ces ondes gravitationnelles sont l'hypothèse manquante qui lui permet d'expliquer toute sa théorie de la relativité générale. C'est une ondulation de l'espace-temps (dilatation/contraction) qui ferait suite à un évènement violent dans le cosmos, comme une collision entre deux objets célestes ou la fusion de trous noirs. L'onde traverse alors l'univers à la vitesse de la lumière jusqu'à nous. On peut se la représenter comme une onde à la surface d'un étang après y avoir jeté un caillou. Cette intuition d'Einstein laisse sceptiques les scientifiques de l'époque. Ce n'est qu'en 2016, soit cent ans plus tard, et le développement de la mécanique quantique, que des scientifiques arrivent à mesurer des passages d'ondes aux États-Unis, issus d'un évènement survenu aux fins fonds de l'espace. Cette intuition exceptionnelle d'un seul individu est à présent un élément fondateur de notre compréhension de l'univers.

Comme pour un explorateur, une fois l'intuition affinée et étayée, il s'agit de mettre en place les conditions qui vont nous permettre de franchir ces nouvelles frontières. Si l'on prend le cas de la recherche fondamentale, nous avions vu qu'il ne faut pas plus de deux à trois mois pour un scientifique pour atteindre les limites de la connaissance humaine. Mais que se passe-t-il après ? Comment faire jaillir cet *« Euréka! »* de notre ami Einstein ?

Cette clef est tout simplement pour moi l'activation la plus poussée possible de l'interdisciplinarité. Regroupons ensemble dans un immense stade tous les acteurs qui permettent de dépasser ces limites. J'entends par là les plus grands industriels, les plus grands centres de recherche scientifique, les jeunes chercheurs qui n'ont peur de rien. Également les écoles et universités, les institutionnels qui contribuent au cadre réglementaire des innovations, sans oublier ces jeunes start-ups. Incluons également les meilleurs explorateurs qui connaissent le milieu, même sans être des scientifiques, mais dont les sens sont aiguisés. Enfin, les experts de renom, à l'image d'un Edison ou d'un Einstein, permettent de crever les plafonds de verre et de disrupter. Chacun de ces acteurs y trouve son propre intérêt, tout est en interaction pour le bien commun.

La touche finale de la recette est l'écoute des petits signes et le discernement. À chaque moment d'un projet, nous pouvons être sollicités par une proposition extérieure. Et plus l'aventure est visible et d'envergure, et plus nous croisons de nouveaux entrants potentiels. Un cas très concret concerne Zephir Project avec la prise de contact de Benjamin au détour d'un post sur les réseaux sociaux. Benjamin est un expert de référence dans les blockbusters américains de films d'animation, comme les fameux « Mignons », « Mario » ou encore « Moi, Moche et Méchant ». Moi qui suis plutôt curieux de nature, je suis des plus dubitatifs lorsqu'il me contacte… Quel lien entre son savoir-faire et Zephir Project, à part faire un film d'animation… ?

Nous entamons quand même une discussion, sans aucune attente particulière. Au fil des minutes de notre partie de « ping-pong » d'idées, l'enjeu nous saute rapidement aux yeux. Dans cette industrie très exigeante du cinéma, ils ont su optimiser les logiciels de simulation des fluides pour pouvoir recréer les mouvements d'un vêtement qui bouge au vent, par exemple, et ce, en quasi-temps réel. Autrement dit, en une fraction de seconde, on doit pouvoir obtenir une scène suffisamment réaliste. Le calcul n'est pas parfait scientifiquement parlant, mais la précision obtenue de l'ordre du millimètre est acceptable. Une sorte de résultat minimaliste et frugal comparé aux nombreuses heures nécessaires pour un calcul de mécanique des fluides traditionnel. Le Graal pour Zephir Project en fait !

La réflexion nous amène directement à la technologie du Motion Capture[38] en direct dans une soufflerie avec seize caméras très spécifiques autour d'Antoine. Jamais réalisé auparavant, nous sommes ainsi capables de visualiser en temps réel les petits mouvements de la voile, comme si nous avions une aile d'oiseau numérisée. Le traitement de ces données nous permet ensuite de « plonger » dans la scène digitale pour y chercher des informations scientifiques précieuses. Le potentiel est important. Merci pour ton petit signe, mon cher Benjamin !

Ce pilier « Créativité & Innovation » rayonne bien au-delà du cadre technologique. Dans l'accompagnement ou les enseignements que je partage auprès de dirigeants ou de futurs Leaders d'organisations, j'aborde trois grands thèmes. Un de ces thèmes englobe la technique, la performance, l'innovation et l'engagement, évoquant principalement la notion du Yang. La dimension humaine, ensuite, le lien et la force d'un collectif à travers ses individus. Enfin, comme un appel devenu incontournable, le « Sustainable Leadership », ou Leadership durable, s'impose. Il s'agit de prendre en compte les dimensions sociales, sociétales et environnementales incarnées par les 17 Objectifs de Développement Durable (abrégés ODD, « Sustainable Development Goals » [SDG] en anglais) mis en place par l'ONU. La créativité et l'interdisciplinarité peuvent alors trouver tout leur champ d'expression.

---

[38] Capture et numérisation du mouvement, technologie très utilisée en animation.

L'observation du vivant, source d'inspiration, et la préservation de la biodiversité en font partie.

Bien orchestrée en fonction de nos centres d'intérêt, une telle organisation soulève les montagnes. Et au ras de l'eau, elle pourrait percer les secrets de la glisse à la voile !

<u>Synthèse du pilier « Créativité & Innovation » :</u>
S'ouvrir à toutes les sphères en créant un environnement favorable grâce à l'émulation des connaissances et à l'interdisciplinarité.

Lorsque notre vision est claire et que notre écosystème est constitué et bien équilibré, alors tout devient possible. Cette capacité à se remettre en cause intelligemment, à être agiles ensemble, à se challenger et à créer a un côté très stimulant. Et si ce pilier « Créativité & Innovation » apportait plus d'engagement au sein de notre organisation ?

Pilier n⁰ 5 : « Engagement continu »

Quel que soit le mindset ou la relation à l'autre, sans engagement continu et dans la durée, une organisation ou un projet seront limités dans leurs ambitions. Mais comment faire de l'engagement notre meilleur allié ?

L'engagement de chacun est la garantie que l'on peut compter sur l'autre, compter sur le fait que chacun va pouvoir mettre toute son énergie et son esprit pour atteindre un objectif. Sans engagement, c'est une forme de passivité qui s'installe où l'on est plutôt à subir les situations que véritablement les prendre en main et influencer la suite des évènements.

Lorsque nous sommes confrontés à une grande épreuve, par instinct de survie, notre peur mobilise tous nos sens. Si l'on regarde les grandes catastrophes naturelles, systématiquement, il y a eu une sorte d'engagement fort quasi instantané de toutes les personnes pour s'en sortir en s'entraidant, malgré la difficulté extrême. Très souvent dans les sociétés, j'entends dire que les personnes sont engagées parce que, lors des dernières crises rencontrées, tout le monde était sur le pont : *« nous avons fait preuve d'une grande force collective »*. Il s'avère que nous avons cette capacité à nous mobiliser instinctivement, c'est un réflexe ancestral naturel.

Cependant, les sociétés de production, par exemple, doivent assurer le quotidien de façon intensive et continue dans leur activité. Ne savoir se mobiliser qu'en temps de tension ou de crise est loin d'être suffisant. La plus grande difficulté est d'être capable d'avoir un niveau d'engagement élevé tout au long de l'année. Cela passe par le fait de donner du sens aux objectifs que l'on se fixe, tant sur le plan individuel que collectif. On peut parfois constater un fort niveau d'engagement alors que le produit fabriqué semble n'avoir aucun intérêt particulier.

Il y a pourtant des projets qui paraissent fascinants et hyper engageants, mais dans lesquels les personnes vont jusqu'à quitter le navire. Un bon exemple est celui de l'organisation qui amène l'Autrichien Félix Baumgartner en octobre 2012 à passer le mur du son en chute libre[39]. Il saute d'une capsule transportée par un ballon aux limites de la stratosphère à 40 000 mètres d'altitude. Le budget est quasiment sans limite avec près de 25 millions de dollars investis (certains parlent même de 50 !), la célèbre marque de boissons énergétiques impliquée a fait chauffer ses comptes en banque ! Pour autant, malgré le projet ambitieux, le défi technologique, et ses enjeux, il en ressort que certains comportements sont laxistes et que l'ambiance est exécrable au cœur de l'équipe. Au point que Félix, lui-même, veut se retirer du projet quelques jours avant les tests finaux. Perte de confiance, il a peur de tous ces loupés dont il est témoin ! Cette fameuse confiance est alors si faible dans la réussite du saut, que la diffusion est différée de plusieurs minutes pour éviter toute catastrophe en direct. Quand Félix Baumgartner bascule dans le vide, la température de l'air est de -72 °C, il a un problème de chauffage et de la buée apparaît sur sa visière. Puis il part en vrille incontrôlée dans sa chute… Il est à la limite de perdre connaissance, mais le pire est évité. L'exploit technique et médiatique devient un immense buzz mondial. Tout se finit bien.

Loin de ces défis de l'extrême, concernant des produits de consommation courante, par exemple, on peut souvent constater un très fort niveau d'engagement alors que l'on pourrait penser que le produit fabriqué ne suscite pas d'engouement particulier. Ces sociétés-là ont su renforcer la notion de collectif, d'appartenance, de sens et de confiance en l'avenir.

L'engagement suscité par une mission passe ainsi par l'intime conviction des managers et de la direction que les actions menées ont du sens, et qu'elles peuvent être portées par les personnes impliquées. Cette réflexion stratégique est incontournable. Il s'agit ensuite de diffuser le message et d'avoir l'adhésion et la confiance d'une très grande majorité des personnes impliquées.

Mais là où cet engagement continu peut être alimenté, c'est certainement en utilisant la créativité et l'innovation dans chacun des

---

[39] Sa vitesse a été mesurée à Mach 1,25, soit 1,25 fois la vitesse du son.

domaines de l'entreprise. Sans chercher la transformation permanente qui effraie, mais en attisant la curiosité de chacun sur des challenges réguliers et des améliorations, on peut retrouver cette dynamique excitante du quotidien. S'ouvrir à la diversité des approches d'autres organisations permet aussi de s'en inspirer en découvrant d'autres savoir-faire.

<u>Synthèse du pilier « Engagement continu »</u> :
Créer les conditions d'un engagement continu par la confiance, le sens et la créativité pour générer une dynamique positive.
L'intensité de l'engagement varie avec les évènements.

C'est bien parce que l'engagement est présent et entretenu en continu par tous que l'on peut atteindre le prochain pilier, le niveau ultime. Et celui-ci ne peut pas être une illusion affichée sur les murs pour se donner bonne conscience. La « Parfaite Fluidité » est là, perceptible par tous, ou pas.

Pilier n⁰ 6 : « Parfaite Fluidité »

Ce pilier est fantastique parce qu'il est simple et qu'il parle absolument à tout le monde. Quel que soit le projet, l'entreprise, l'organisation, le groupe d'amis ou d'inconnus, lors d'une soirée, d'une randonnée ou d'une sortie en bateau… Nous percevons les moments où la situation est fluide et apaisée, ou bien si l'on force les choses contre nature.

Ce terme « contre nature » n'est pas anodin. Car la nature est la championne toutes catégories de la fluidité. Une avalanche ou une vague en mer illustrent la perfection. Le passage de l'eau autour d'un rocher également. En se laissant le temps d'observer une simple feuille d'arbre tomber en virevoltant, ou une mouette en vol stationnaire, portée par le vent, nous pouvons basculer en état méditatif tellement cela nous parle émotionnellement. Instinctivement, nous savons percevoir cette forme de fluidité naturelle. On retrouve également cette notion en regardant évoluer un sportif. Les coups de Nadal, Federer ou Djokovic sont de styles bien différents, mais ils représentent une forme de perfection. Voir Antoine sur sa planche à voile ou Éric sur son vélo, c'est un spectacle naturel en soi. À moindre niveau, en volant au-dessus de l'eau sur son foil, ou en traçant des courbes en surf sur l'eau ou la neige, on peut ressentir cette forme de fluidité.

Si l'on se projette cette fois au sein d'un groupe de personnes engagées autour d'un même objectif, cette perception naturelle est accessible avec un minimum d'attention. La bonne nouvelle est donc qu'il suffit de poser la question à ces personnes impliquées ! Demandons-leur une note de « fluidité du projet » sur une échelle de 1 à 10, en partageant de bons exemples de ce que l'on noterait 1/10, et un maximum de fluidité perçue notée 8/10. Les deux points de réserve permettent de conserver une marge de progression avec les 7 piliers en action ! La moyenne obtenue devient un très bon indicateur collectif.

Attention, le dernier stagiaire arrivé est aussi compétent et pertinent sur ce point, que son manager ou encore le dirigeant ! Donc pas de pondération des notes en fonction des personnes.

Une fois le constat posé et la notion de fluidité comprise, comment agir pour toucher du doigt cette « parfaite fluidité » ? Le monde extérieur est tel qu'il est… Nous ne pouvons pas tout changer, mais à notre échelle, nous pouvons devenir des influenceurs de notre propre environnement comme nous l'avons vu. Observer, prioriser, choisir ses actions concrètes et se mettre en mouvement. Puis corriger la trajectoire. Patiemment. Les autres piliers et actions associées sont des outils de premier plan pour améliorer la fluidité d'un projet. L'objectif est d'atteindre cette sérénité, ce calme intérieur et extérieur, qui permettent de passer ces montagnes « sans forcer les choses ». Performance, confiance et harmonie font alors corps.

La perception de cette fluidité, comme de glisser sur l'eau en douceur et finesse, est un indicateur clef de la haute performance dans nos projets. Une vraie boussole.

<u>Synthèse du pilier « Parfaite Fluidité » :</u>
Créer les conditions humaines et organisationnelles pour que les objectifs soient atteints et les obstacles passés avec la sensation de facilité sans forcer les choses.
Son niveau est facilement perçu par tous.

Pilier n⁰ 7 : « UltraPerformance »

Ce septième et dernier pilier est un pilier fondateur, comme une philosophie de l'équilibre qui cimente les six autres. Le terme « UltraPerformance » est le mot clef du titre de ce livre, il s'agit même de partir à sa conquête, pourtant nous ne l'avons toujours pas évoquée dans le détail. Comme lors de mes conférences, en comprendre le fond passe par un chemin de pensée, et un chemin de vie. Il fallait donc un peu de temps avant de le formuler avec précision !

Face aux crises multiples et à un monde incertain, nos organisations doivent s'adapter plus que jamais : produire mieux, dans un environnement toujours plus exigeant, pour le bénéfice du plus grand nombre et en utilisant bien moins de ressources. Tous les secteurs, tels que l'industrie, le tertiaire, la construction, l'éducation ou encore les institutions, sont concernés plus que jamais.

Plus qu'un état d'esprit et des méthodes opérationnelles, ce pilier de l'« UltraPerformance par l'Épanouissement Humain » est une véritable philosophie. Un repère opérationnel pour toutes les personnes impliquées dans cette mutation profonde vers le monde de demain.

J'explore avec passion la performance depuis mon enfance. Ces chemins souvent difficiles m'ont poussé à élaborer un vivier de solutions innovantes, de modes de management disruptifs, ou de méthodes atypiques. J'ai pu ainsi mener à terme avec succès de nombreux projets. Mais nous l'avons touché du doigt, la performance pure a ses limites. Les organismes sont poussés à leurs limites physiques, physiologiques et mentales, les frustrations et la perte de sens apparaissent, et au final, le risque « mortel » du désengagement. Ce modèle n'est pas qualifiable de durable.

Pour pallier ce risque, les organisations ont testé de nombreuses solutions annoncées comme providentielles. Elles sont souvent techniques, analytiques, « procédurées », et plus déconnectées de l'humain et de ses repères internes ancestraux, pour finir par souvent s'avérer en partie contre-productives. Dépassées par les travers imprévus, les organisations ont souvent dû faire machine arrière en catastrophe, avec les dommages collatéraux que l'on imagine.

Pourtant, en revenant à la source de l'être humain et de sa connexion naturelle à lui-même, un nouvel équilibre est accessible et il est juste devant nos yeux ! Il s'agit de réconcilier les dimensions techniques et humaines sous forme d'une alliance profonde et assumée, pleine de sens et de valeurs. C'est ce que j'appelle l'« UltraPerformance par l'Épanouissement Humain ».

Grâce à cette philosophie, nous changeons de paradigme. L'épanouissement des individus revient au cœur des préoccupations des organisations, et nous générons de façon volontaire et concrète dans un projet ou une organisation :
- l'atteinte d'objectifs techniques élevés, jugés «inaccessibles», avec une perception de facilité,
- l'accomplissement individuel et collectif de tous les acteurs impliqués dans cette réussite, en associant confiance en soi et dans les autres, baisse des ego et du jugement de l'autre, puissante connexion humaine, dépassement de soi, fierté, plaisir… pour amener une véritable transformation intérieure et l'envie de pousser l'aventure.

Cette proposition qu'est l'UltraPerformance réconcilie l'ensemble des acteurs et influenceurs, quelle que soit leur coloration politique, religieuse, écologique, quelles que soient leurs sources de division. Elle permet de faire converger les énergies aujourd'hui disséminées, pour l'atteinte d'un objectif commun vertueux.

<u>Synthèse du pilier « UltraPerformance » :</u>
Créer les conditions d'un parfait équilibre entre les dimensions techniques et la dimension humaine.
Par cette conquête de l'UltraPerformance, l'utopie d'unir l'humain, la technologie et l'environnement devient réaliste.

Application de ces 7 piliers et mesure scientifique

Avec plusieurs années de maturité, le projet Zephir s'inscrit au quotidien dans la recherche de l'équilibre de ces sept piliers. Nous les gardons à l'esprit en permanence en essayant qu'ils soient respectés tant que faire se peut. Ils nous aident à être efficaces tout en gardant notre cohérence.

Mais déjà, lors de l'ultime record d'Éric Barone en 2017, ils étaient présents dans notre mode de fonctionnement pour atteindre nos objectifs tout en faisant face aux imprévus. Replongeons-nous quelques minutes dans cette matinée si particulière.

C'est la seule fois dans ma vie que j'ai pu ressentir cela, mais, ce jour-là, la joie intense d'un record du monde a basculé dans l'angoisse de tout perdre !

Des années de préparation et une centaine de personnes se sont impliquées pour ce jour J. Nous sommes le 18 mars 2017, 7 h du matin. La piste est bien en glace, elle est presque parfaite, le soleil est voilé, il ne chauffe pas la surface, et nous n'avons pas de vent dans le couloir de la piste. Tout est réuni.

Mathias est au talkie-walkie, quand Philippe Billy nous donne le GO pour la tentative depuis le sommet. Philippe, ancien grand champion de ski de vitesse, est responsable de cette piste mythique du Kilomètre Lancé de la station de Vars.

Au sommet, nous déroulons donc notre rituel habituel de départ. Notre niveau de stress physiologique est mesuré au plus bas. Mise en place du vélo, arrivée d'Éric en scooter des neiges, juste trois mots échangés :

Éric : *« Je suis bien »*,

Moi : *« On est prêts »*.

On accompagne Éric jusqu'à la plateforme de départ préparée depuis 6 h du matin. Les yeux dans les yeux, nous savons l'un et l'autre que c'est le moment. L'unique moment pour établir un nouveau record du monde. Il est 7 h 35.

« 3 - 2 - 1 – GO !!! » Nous libérons Éric dans l'instant, il dévale littéralement la pente, happé par les 45 degrés de la piste (98 %). Silence absolu. Éric ne fait qu'accélérer, on le devine passer entre les cellules, pas de chute. Tout est nominal. Il s'arrête après 2 km et 45 secondes de course infernale. L'attente est interminable…

Éric a passé les cellules depuis 2 minutes quand les mots de Mathias résonnent enfin dans les talkies : *« 227,72 km/h, record battu, nouveau record du monde !!! »*

Au sommet, nous exultons. C'est la délivrance dans une explosion de joie, de rires, et quelques larmes de joie. Toute la tension et l'attente de tous ces mois, ces années, s'évacuent avec ces émotions intenses. Nous nous prenons dans les bras, dansons, une petite fiole de rhum circule en riant, certains sortent leur téléphone pour immortaliser le moment avec les photographes et cameramen qui nous suivent. Les minutes défilent. Quels moments inoubliables ! Nous savons que c'était l'ultime record d'Éric.

Contre toute attente, leadership, management et cohésion d'équipe vont alors jouer un rôle clef pour faire face à la prise de risque ! Le lâcher-prise ne dure que dix petites minutes… Les talkies résonnent à nouveau…

Mathias : *« Marc, pour Mathias ! »*

Moi, sur un ton joyeux : *« Oui, Mathias, on t'écoute ? »*

Mathias : *« Éric voudrait remonter. On sait que c'est compliqué, mais il voudrait descendre une toute dernière fois avec une caméra 360° pour avoir des images en totale immersion… »*

Stupeur et silence total au sommet. Ces mots nous glacent le sang, moi le premier. En validant cette décision avec Éric et Mathias, nous devons pouvoir nous remobiliser pour retrouver un niveau de concentration et de calme absolu. Car sinon, la matinée peut tourner à la catastrophe.

On en rediscute avec Mathias et Éric pour peser le pour, le contre, les contraintes techniques… Et échanger aussi sur le mental de l'équipe. Les minutes sont comptées, car la piste se dégrade vite avec la température. Et c'est une source de risque supplémentaire.

Avec une forme de gravité, nous décidons de valider cette ultime descente. Nous savons au fond de nous que cela va être difficile à gérer. Le temps presse et nous avons 15-20 minutes max.

À moi d'abord de me reprendre, pour pouvoir nous remobiliser tous ensemble ! Mais après un tel succès et une telle décompression, comment ?!!! Rien n'est planifié, il faut agir sur l'instant, c'est un moment de reconcentration extrême.

Je vous partage comment nous avons procédé là-haut :
- D'abord, regrouper dans la foulée toute l'équipe du sommet, en parlant à voix basse, pour retrouver calme, focus et attention totale.
- Expliquer le contexte et le souhait d'Éric, en accord avec Mathias.
- Poser les enjeux en expliquant que la décision dépend encore de nous là-haut (GO ou no-GO).
- Notre nouvel état d'esprit : pas de nouveau record, Éric va gérer cette fois sa descente en mode «cascadeur» sans prise de risque. Comme au ralenti en étant un peu relevé (environ 180-200 km/h quand même…).
- Tout doit être sous contrôle : lisser à nouveau proprement les dernières traces des roues et checker toute la zone.
- Autre imprévu, les batteries de la caméra 360° n'ont que quelques minutes d'autonomie en raison du froid. Il faut les maintenir au chaud jusqu'à la procédure de départ. Hugues est désigné.
- Par contre, notre procédure de départ reste identique.
- Après quelques échanges, c'est un GO pour nous tous.

Dernier point, cela peut paraître surprenant, mais il est important qu'aucune célébration ne soit faite à Éric à son arrivée. Un large sourire ou un pouce levé suffiront pour le moment. Le job n'est pas terminé. Il nous reste vingt minutes à être focus à 100 %.

Nous validons aux talkies avec Éric et Mathias cette descente supplémentaire malgré son Record du Monde officialisé par l'huissier. Au sommet, tout le monde a rebasculé en quelques minutes dans notre forme de flow collectif qui nous est si familier. On s'active sur la plateforme, le temps presse à nouveau.

Éric nous rejoint au sommet, on se regarde tous les deux dans les yeux. Moment d'une intensité folle pour nous deux… On se prend dans les bras. Sans un mot. Je ressens à nouveau cet instant en l'écrivant.

Puis Éric me dit : *« Mission accomplie, mon ami. On y retourne une dernière fois. »* Ses mots me bouleversent, mais je reprends calmement : *« Tout est prêt ici. On y va, tranquille. »*

La tension est énorme, mais nous déroulons une énième fois la procédure de départ, à la perfection. *« 3-2-1-GO »* !

Éric nous impressionne encore par son calme de samouraï et sa maîtrise. Ce n'est pas le Baron Rouge pour rien ! Son dernier run est parfait, et il passe à nouveau les cellules avec fluidité. Le talkie résonne avec la voix de Mathias : *« Cette fois, c'est définitivement terminé les gars ! Bravo à tous ! On plie ! »*

Cette fois c'est bien terminé, ce sera l'ultime descente de l'immense carrière d'Éric qui avait débuté sur neige en 1995 ! Quel soulagement !!! Nous pouvons enfin sécuriser la zone de départ et rejoindre tout le groupe en bas de la piste.

Encore une fois, je prends mon temps, et je suis le tout dernier à descendre dans cette station déserte qui va bientôt ouvrir ses remontées au public. Je trace de grandes courbes, comme au ralenti, le temps est léger et suspendu. Ce moment solitaire qui me fait du bien. Les images défilent dans ma tête. Rempli de joie et de sérénité, je laisse aller mes émotions avec plaisir cette fois. Je suis tellement fier de ce que nous avons pu accomplir tous ensemble pendant toutes ces années. Ces amis comptent tant pour moi. Éric, Mathias, Émeline, Marco, Muriel,

Tristan, Sam, Hugues, JB, Jérôme, Totof, Juju, bien sûr… Reconnaissant à jamais. Le temps est à la fête… Et cette fois jusqu'au bout de la nuit !!!

Je voudrais rendre un hommage appuyé à notre ami Julien Brunet, Juju, tétraplégique de naissance, qui est un sportif de haut niveau absolument hors norme. Toute notre expérience de ces records en montagne a été magnifiée par sa présence et sa confiance absolue. Il fait partie de notre équipe, comme nous faisons partie de la sienne.

La veille de cet ultime record que je viens de vous partager, Juju nous a portés grâce à son propre Record du Monde de vitesse de Dualski, chronométré à 155 km/h, avec Éric en skis comme pilote derrière son fauteuil de descente. Rien que ça ! Sa joie et son émotion, ses mots de soutien nous ont transcendés émotionnellement pour affronter l'exploit qui nous attendait le lendemain.

J'ai un profond respect pour ce garçon exceptionnel qui, malgré notre expérience, sait bousculer nos certitudes avec des phrases chocs. Parfois brut de décoffrage, toujours les mots justes, no-limits dans sa tête et dans ses exploits, il nous pousse à nous dépasser toujours davantage !

Vous aurez du mal à me croire si je vous dis que Juju a pu terminer l'IronMan de Vichy en duo avec Benoît Mouvault !!! Si, si, un phénomène, je vous dis ! Plusieurs années d'entraînement pour résister à la fatigue sur le parcours ! Pour changer, Juju a choisi de se lancer récemment dans le tir à la sarbacane. Et il a déjà obtenu le statut de « Sportif de haut niveau » par la fédération française ! J'adore ce bonhomme.

Sachez qu'Éric et Julien donnent des conférences ensemble, et croyez-moi, vous en sortez forcément différents !!!

Pour revenir à cette ultime tentative et l'application des 7 piliers, vous avez certainement relevé « mesure scientifique » dans le titre… Nous avons voulu mesurer l'effet de ces piliers sur notre collectif en analysant notre stress physiologique individuel, et nos interactions collectives face aux difficultés rencontrées.

En amont de ces mesures, nous avons souhaité renforcer notre intelligence émotionnelle au sein de notre équipe, qui est hyper technique et performante. Pour ce faire, nous avons travaillé sur les piliers « Intimité Professionnelle » et « Humilité & Transmission ».

Pour mesurer cette forme de connexion les uns aux autres, nous avons donc équipé de capteurs cinq personnes clefs. Grâce à des T-shirts issus de développements avec la NASA, nous suivons notre rythme respiratoire, notre rythme cardiaque et notre position dans l'espace. Éric en est équipé, tout comme moi au sommet, ainsi que notre cher Tristan qui retient le vélo. Même chose pour Mathias, un kilomètre plus bas et enfin Alban, photographe professionnel de sports extrêmes. Il gravite au plus près de nous, mais nous nous connaissons à peine, car il est arrivé la veille. Il ne fait pas vraiment partie de notre tribu, mais Alban est très familier de ce type de reportages en milieu extrême.

Nous découvrons un nouveau complément alimentaire avec l'ingestion d'une petite gélule « bluetooth » qui nous a bien fait rire. Elle nous permet de suivre avec précision notre température corporelle… Et de la capter avec un smartphone connecté ! Petit détail pratique (nous avons posé la question)… Si le transit est bon, la gélule n'émet pas plus de 24 heures…

Notre stress physiologique correspond à la réaction de notre organisme face à une situation perçue émotionnellement comme difficile et qui demande une adaptation. Ce niveau de stress est directement corrélé à notre variation de rythme cardiaque. On peut ainsi le mesurer, c'est le HRV : Heart Rate Variability. Plusieurs moments clefs se dégagent en observant les courbes de stress physiologique de toutes ces personnes-là.

Première étape : 5 h 24 du matin. Nous faisons un briefing avec Éric, juste pour expliquer que le moment est venu, et que nous sommes prêts. Et notre stress physiologique chute.

Deuxième moment clef : nous arrivons au sommet de la piste, tout le monde craint qu'il y ait du vent. Au moment où j'annonce qu'il n'y a pas de vent, le stress physiologique chute à nouveau.

Troisième moment clef : le record du monde. Nous sommes alors tous synchronisés.

Nous semblons tous en phase sur le plan cardiaque, sauf un. Vous avez deviné : c'est une journée extraordinaire pour Alban, notre nouveau photographe. Sa courbe en pointillés blancs ne suit pas les mêmes pics. Il n'est pas en phase avec nos réactions, mais il a pris beaucoup de plaisir.

Après rapprochement des images vidéo, il apparaît que notre stress physiologique est instantanément synchronisé avec les évènements que nous vivons. Cette « connexion » dans l'équipe est donc concrète et mesurable au fil des évènements vécus avec un stress quasi nul pour tous quand tout roule… Et au contraire des pics énormes pour tous en un instant face à un problème inattendu.

Cette capacité à nous synchroniser est en nous. Il suffit de l'activer. Et on sait le faire. Cela signifie aussi qu'il faut être particulièrement attentifs aux derniers arrivés dans un groupe déjà soudé. Et cela vaut aussi en entreprise !

Effet majeur des crises successives que nous traversons et de ce monde incertain, les Comex/Codir des entreprises les plus réactives font évoluer leurs stratégies. Ils cherchent clairement à développer plus de sens, de lien humain et d'intelligence collective, tout en bonifiant sans tabous la dimension « performance » !

Ce n'est ni un vœu pieux, ni une utopie, mais bien une réalité que j'ai pu constater en 2023 et en 2024 au fil des briefs avec mes clients pour mes interventions en conférence auprès de groupes français et internationaux très variés : industrie, Tech, digital, retail, travail temporaire ou encore banques et assurances pour ne citer qu'eux.

Face à ce monde changeant de plus en plus incertain, il faut absolument trouver une nouvelle voie, agile, loin des certitudes passées.

Cette nouvelle forme d'efficience collective est même devenue une urgence opérationnelle.

Les lignes bougent, en profondeur, enfin ! Et nos valeurs dans Zephir Project avec Antoine Albeau résonnent de plus en plus. Les crises amènent leurs lots d'opportunités et du positif dans cette période de doutes et de perte de confiance. J'aime à penser qu'il existe une approche systémique très opérationnelle qui permette d'unir l'efficacité redoutable de l'espèce humaine et ses avancées technologiques au service d'un monde équilibré et durable envers la planète.

11 – Et si un optimisme durable nous gagnait !

Comme un bout de mes rêves d'enfant qu'elle porte de toutes ses forces face aux aléas de la vie, mon amitié avec Jeanette Epps est bien particulière ! Comme je vous l'avais partagé, nous avions beaucoup échangé après l'annulation de son premier vol de 2018, et, inconsciemment, en toute confiance, nous avons su nous soutenir mutuellement dans nos challenges. Elle me l'avait promis en 2019. Alors, parole d'astronaute, Jeanette m'invite avec ses plus proches relations à assister à son départ en mars 2024 depuis Cape Canaveral pour la Station Spatiale Internationale, l'ISS, et à y recroiser nos regards. C'est une attention si touchante pour moi, à quelques heures d'accomplir son plus grand rêve ! Cerise sur le gâteau, j'ai pu faire venir ma maman, c'est notre premier voyage juste tous les deux !

Revoir Jeanette ainsi que sa sœur jumelle Janet, leur famille et leurs amis lors du fameux « Wave across » a été une émotion indescriptible. L'équipage Crew-8 et les quelques personnes en quarantaine qui les accompagnent sont à quelques mètres de nous, on peut échanger des mots, des rires, les yeux qui brillent avec des larmes contenues, des selfies à distance… C'est un peu surréaliste. Cela ressemble plus à une visite agitée de zoo bien encadrée par la NASA qu'à un moment intime, mais c'est mémorable. La date officielle du tir est dans 24 heures.

Pour un lancement de la NASA avec SpaceX, c'est patience et « Mindset d'Explorateur » ! C'est comme pour une tentative de record en sport extrême, tout est prêt, mais la météo s'invite bien évidemment à la partie ! Il y a du vent fort et des vagues sous la trajectoire de la fusée (en particulier en Irlande !!!), et donc des risques en cas d'échec pour récupérer l'équipage en mer…

Tic, tac, tic, tac… Nous en sommes au quatrième report depuis la date initiale du 18 février. La prochaine fenêtre est dans 48 h ce samedi à 23 h 16 EST au Kennedy Space Center, Cape Canaveral. Jeanette et Crew-8 sont à nouveau en standby et poursuivent leur quarantaine dans leur hôtel. Cette attente forcée nous permet de discuter avec plusieurs astronautes, comme Warren Hoburg ou Andre Douglas, qui sont à nos côtés, des membres du staff, mais aussi des responsables de programme de la NASA.

Moments suspendus entre des expéditions lunaires très concrètes, malgré les énormes freins techniques, l'exploration de Mars, des astéroïdes, des fonds marins de Titan avec des submersibles spatiaux, notre futur durable sur Terre, et les expériences scientifiques menées sur l'ISS. Passionnant également de vivre au plus près l'approche essai-erreur à tout va de SpaceX, comparée à celle de la NASA beaucoup plus conservative… Beaucoup de Zephir Project dans tout ça. C'est très inspirant. Un régal absolu, je n'en perds pas une miette !

Le samedi après-midi, pour la première fois, les préparatifs sont enclenchés avec l'habillage de l'équipage que l'on peut suivre sur le NASA Live. À trois heures du lancement, juste avant d'entamer le remplissage des étages de la fusée, c'est finalement un « NO GO » qui retentit… Nouveau report au lendemain, dimanche soir 22 h 53 cette fois.

Jeanette a travaillé dur 15 ans pour cette première mission spatiale qui se fait encore attendre. Elle est rompue à l'exercice, son moral est au plus haut, la résilience absolue malgré les difficultés ! Par contre, c'est la consternation parmi l'entourage, certains ne peuvent plus reporter leur vol et beaucoup des proches doivent repartir un peu partout dans le monde. Avec maman nous réussissons non sans mal à reporter à nouveau de 24 heures notre retour en France… On croise les doigts… Ce sera pour nous la dernière fenêtre de tir.

Et si un optimisme durable nous gagnait !

Bis repetita dimanche soir. Tout se déroule selon les plans jusqu'à un moment de doutes au sujet d'une fissure repérée dans le scellement de la porte d'accès de la capsule Dragon. Seulement dix minutes avant le lancement, les ingénieurs de SpaceX et de la NASA s'accordent sur la bonne tenue du joint… Les retours d'expérience ont permis la suite du compte à rebours. Ouf !

Les mots claquent alors dans la nuit de Cape Canaveral :
« 10 – 9 – 8 – 7 – 6 – 5 – 4 – 3 – 2 – 1—Ignition—Engine Full Power, and Liftoff of NASA Crew-8—GO Falcon—GO Dragon! »

Le décollage est impressionnant depuis le Kennedy Space Center, en Floride, où les larmes d'émotion coulent pendant que nos amis de Crew-8 sont propulsés vers l'espace dans un vacarme continu. Après quelques secondes de cris de joie, c'est le silence en tribunes, les yeux figés sur cette incandescence dont le bruit est assourdissant.

Après une minute, ils atteignent Mach 1 (le mur du son) et 10 km d'altitude !

Mach 2 et 20 km, 30 secondes après… Mach 3 et 30 km, 20 secondes plus tard… Tout s'accélère ! C'est ahurissant !

Les boosters se séparent de la fusée, c'est un moment très critique… Un immense halo lumineux de gaz se forme autour des deux pétards géants, tel un trou noir multicolore sous nos yeux, puis se dissipe lentement.

Le deuxième étage de propulsion prolonge sa poussée pendant que les deux boosters rejoignent le sol. Ils reviennent s'y poser en souplesse à quelques centaines de mètres de nous avec un gros « Bang ! » qui nous fait tous sursauter. Puissance et précision millimétrée.

La fusée poursuit son vol, la NASA nous donne des infos en direct. La trajectoire est bonne. Les astronautes passent au-dessus de l'Irlande, pas d'abandon, la salle de commande où l'équipage aurait pu encore le faire… Tout est « nominal ».

On respire un peu plus. C'était la dernière option de sauvetage dans l'atmosphère. On comprend pourquoi, dans la procédure, la mauvaise météo sur l'Irlande a imposé un report deux fois de suite !

La délivrance pour Crew-8 vient avec le SECO (Second Engine Cut Off), le second étage termine sa propulsion pour se rapprocher des 28 000 km/h de l'ISS. Il se sépare du Dragon où se trouve l'équipage.

Après ces 8-9 minutes de folie, l'impesanteur fait son apparition avec la mise en orbite. Les engins du module poursuivent une poussée progressive pour monter en altitude pour 26 heures de voyage. Les passagers peuvent sortir de leur combinaison pour dormir et préparer les prochaines manœuvres.

L'accostage à l'ISS est parfait. *« Well done guys! »*

Nous y voilà enfin ma chère Jeanette ! C'est le début de 235 jours d'émotions uniques, d'expérimentations et de situations critiques qu'absolument personne ne pouvait imaginer. Pas même la NASA ! Je te passe la main pour en écrire l'histoire incroyable ! Ces derniers jours à Cape Canaveral avec tes proches et de nombreux astronautes, ta deuxième famille, ont été d'une rare intensité grâce à cette mauvaise météo.

S'ensuivent régulièrement de longues visios en face-à-face tout au long de cette longue et belle mission. À chaque fois, c'est un réel bonheur de voir Jeanette et ses amis astronautes littéralement voler dans leur station, être décontractés et tout sourire. Les visites des modules et de toutes ces expérimentations en cours sont impressionnantes et surréalistes. Un capharnaüm scientifique hyper organisé où chaque objet libre dans l'air est vite un problème à gérer. Jeanette aime faire découvrir ce lieu de vie en mouvement perpétuel et ces expérimentations scientifiques éphémères.

Mais lorsqu'elle bascule sa tablette vers un des hublots côté Terre, il n'y a plus les mots. Au-delà du fait que la Terre est manifestement ronde (n'en déplaise à certains !!!), ces images me saisissent les tripes à chaque fois, comme pour ceux à qui je peux le faire partager près de moi. Si belle, resplendissante, lumineuse dans le noir profond et, pourtant, la vie y paraît si fragile face à l'immensité de l'univers. La couche d'atmosphère est infime vue de 400 km d'altitude. Une fine peau qui nous protège du rayonnement solaire.

Lors de nos premiers échanges, Jeanette me confie être particulièrement touchée par ce qu'elle découvre là-haut. Malgré toute sa préparation et ses discussions avec ses nombreux amis astronautes, on ne peut pas imaginer ce contraste entre cette bille bleue étincelante et le noir profond de l'univers que l'on ne peut pas percevoir sur Terre. C'est un gros choc émotionnel. Une prise de conscience indescriptible.

Cet « overview effect » te frappe instantanément, me dit-elle, peu après son arrivée dans l'ISS.

Extrait : *« (Marc) How do you feel about seeing the planet like this?*
(Jeanette) That has been the biggest question, but it's mind-blowing because this is our planet. Holy cow, it's not just an overview effect. It's hard to explain because there's no real other feeling like it. Looking at the world from this vantage point, you just feel so small, so insecure and insignificant. And it's just amazing. (…) Look at how black that is. I mean, it just looks like nothingness. It's so freaky to see how black it is, it's infinite blackness as far as we can see ».

Traduction : *« (Marc) que ressens-tu à l'idée de voir la planète dans cet état ?*
(Jeanette) C'est la question la plus importante, mais c'est époustouflant parce que c'est notre planète. Bon sang, ce n'est pas seulement un overview effect (effet d'ensemble). C'est difficile à expliquer parce qu'il n'y a pas d'autres sensations comme celle-là. En regardant le monde de ce point de vue, on se sent si petit, si peu

sûr de soi et si insignifiant. (…) Regarde comme c'est noir. Je veux dire, on dirait le néant. C'est tellement effrayant de voir à quel point c'est noir, c'est un noir infini aussi loin que l'on puisse voir. »

À ce jour, environ 600 êtres humains ont eu le privilège de partir dans l'espace depuis Youri Gagarine en 1961. Et seulement une cinquantaine de femmes. À moindre mesure forcément, discuter en visio avec cette image en direct de ce qu'elle vit est bouleversant. Sans le savoir, Jeanette a contribué à faire évoluer l'état d'esprit des personnes avec qui elle a pu prendre ce temps précieux. Chacun de ces moments est un moment d'exception pour chaque personne connectée, cette petite bulle de vie qui tourne autour de nous. Des moments suspendus où l'on peut parler, rêver, partager, réfléchir sur soi aussi. Quel cadeau que cette immersion extraordinaire !

Je vous partage un extrait du message que Jeanette a accepté de transmettre depuis l'ISS à la promotion d'Executive Master international 2024-2025 de la prestigieuse École Polytechnique. Cette formation diplômante pensée pour les cadres dirigeants repose sur 3 piliers : la technologie, le management de l'innovation et le leadership.

Extrait : *« (Jeanette) In becoming an authentic leader, you become a better human being at home, at work, for your people. And you'll see your life just blossom with that. When I took a similar class, my purpose came out of that. My purpose is justice, love and uplift. Justice for everyone. Everyone should have an opportunity, like, in my case, being able to fly to space. Love: my love for science, my love for people and wanting to see them do well and be healthy and happy. And then uplift: I want to uplift people who don't know that things like flying in space are their opportunity and that these big things are real options for them. So this is my purpose. (…)*

About performance and leadership, performance comes out of people leading authentically in their whole life. You'll start seeing all the metrics just shooting up.

Et si un optimisme durable nous gagnait !

You start seeing the families happier, the employees are happier, and our production has gone up. It's global, it's all aspects of life. »

Traduction : « *(Jeanette) en devenant un leader authentique, vous devenez un meilleur être humain à la maison, au travail, pour votre entourage. Et vous verrez votre vie s'épanouir grâce à cela. Lorsque j'ai suivi un cours similaire, ma raison d'être en est ressortie. Mon but est la justice, l'amour et l'élévation. La justice pour tous : tout le monde devrait avoir une chance, comme dans mon cas, celle de pouvoir aller dans l'espace. L'amour : mon amour de la science, mon amour des gens et mon désir de les voir réussir, être en bonne santé et heureux. Et puis l'élévation : Je veux encourager les gens qui ne savent pas que des choses comme voler dans l'espace sont leur chance et que ces grandes choses sont des options réelles pour eux. C'est donc mon objectif.*

En ce qui concerne la performance et le leadership, la performance vient du fait que les gens dirigent de manière authentique dans tous les domaines de leur vie. Vous commencez alors à voir tous les indicateurs s'envoler. Les familles sont plus heureuses, les employés sont plus heureux, notre production a augmenté. C'est un phénomène global, qui concerne tous les aspects de la vie. »

J'ai l'immense honneur d'avoir en charge ce module Leadership de l'Executive Master international 2024-2025. Lorsque j'ai partagé la surprise de cette vidéo de Jeanette flottant dans l'espace, son message et ces images toutes fraîches depuis l'ISS ont résonné dans la salle avec ma vision du leadership et du management de demain. Ce moment suspendu à l'écouter attentivement, puis à discuter tous ensemble fut d'une rare intensité.

Les Américains ont cette force inouïe d'apprendre à voir grand (« Think Big! »). Et ils se donnent les moyens de s'en rapprocher avec persévérance et humilité pragmatique face aux difficultés. J'aime cet esprit ! Ce voyage spatial avec Jeanette est un symbole fort aussi pour Zephir Project, car les planètes s'alignent pour nous.

En cette année 2024 et ce début 2025, nous avons enfin trouvé la voie qui permette de regrouper dans notre écosystème d'excellents acteurs techniques et financiers. Notre projet sportif s'appuie sur la science et la technologie pour ouvrir de nouveaux horizons, et pour y parvenir, nous défions les plus belles entreprises aux limites de leurs savoirs.

Ces géants voient plusieurs avantages à nous rejoindre : relever le challenge technologique, développer leur « marque employeur », ainsi qu'œuvrer pour le futur et la cause environnementale. Nous avons évoqué précédemment les premiers résultats de nos travaux avec ces groupes qui viennent d'entrer dans l'aventure :

Les premiers à franchir le pas en 2024 pour devenir des partenaires de premier rang sont BPCE Solutions informatiques, filiale très importante du grand groupe bancaire, ce n'est pas rien ! Au-delà du soutien financier, leur valeur ajoutée porte sur la data science et l'Intelligence Artificielle. En complément de l'aventure sportive, technique et humaine, notre apport touche aussi aux méthodes de management.

Au niveau ingénierie et calculs, c'est le groupe ALTEN, leader mondial, qui s'est engagé et fait de Zephir Project un véritable démonstrateur de leur savoir-faire. Notre travail est passionnant dans de nombreux domaines scientifiques avec des ingénieurs très engagés à nos côtés.

Enfin les filiales françaises du groupe allemand BECHTLE[40] se regroupent pour nous soutenir et montrer leurs savoir-faire et leur complémentarité. Ils sont spécialisés dans la fourniture de matériel informatique configuré pour les grandes sociétés et de services associés, en particulier logiciels, infrastructures cloud et cybersécurité. Nous sommes un cas d'école qui montre l'étendue de leur savoir-faire.

Ces trois entreprises dans notre écosystème vont permettre de créer des passerelles entre des domaines très cloisonnés pour répondre

---

[40] Le groupe BECHTLE est leader européen dans les services IT. Fondé en 1983 en Allemagne, il est présent dans 14 pays, dont la France, et compte 15 300 employés.

à notre ambition. Voici une liste, sans entrer dans les détails, de tous les domaines technologiques entre lesquels nous tissons une toile : calcul CFD, modélisation par éléments finis, ingénierie mécanique, interaction fluides-structure, bio-inspiration, ingénierie des matériaux, écoconception, fabrication additive (impression 3D), capteurs intelligents, data science, motion capture (capture du mouvement), fusion des données, jumeaux numériques, interface avec les pilotes, sécurité. Nous avons besoin de toutes ces dimensions très technologiques pour comprendre et pouvoir reproduire un jour ce que fait tout naturellement n'importe quel oiseau ou poisson qui passe devant nos yeux.

Le matériel d'Antoine Albeau se transforme ainsi en véritable laboratoire exploratoire, qui montre qu'il est possible de concilier très haute performance et écoresponsabilité. Ces futurs engins et ces nouvelles technologies, étudiés dans le cadre de Zephir Project, ont donc une vocation durable bien au-delà des records. Ces records deviennent des marqueurs de nos avancées au fil du temps. Nous avons vu comment Antoine et Pierre font évoluer régulièrement leurs performances.

Les innovations développées seront transposables à tous les objets qui glissent dans l'eau ou l'air, ou encore qui en tirent leur énergie. Cela ouvre tout un champ d'application respectueux de notre planète. En élargissant la capacité de recyclage des matériaux, en réduisant l'empreinte carbone et la consommation d'énergie, nous contribuerons tous ensemble à l'écomobilité maritime, à l'éolien et à d'autres initiatives écologiques. L'histoire qui s'écrit sous nos yeux a de plus en plus de sens, elle nous inspire et nous porte. Tous les apports deviennent cruciaux pour percer ces fameux secrets de la nature.

C'est entre Paris, les Alpes du Sud et Marseille que j'écris ces dernières lignes. En sortant la tête du cockpit de notre voilier familial, je vois la rade Sud, là où je navigue si souvent. C'est bien là que les meilleurs athlètes du monde se sont affrontés durant l'été 2024 pour le titre de Champion olympique de voile. La nature reste mon terrain de jeu favori, mais la défendre est à présent ma priorité. Mon expérience au cœur des avancées technologiques, et des subtilités du lien humain me permet d'aller chercher activement des solutions environnementales. Et, comme pour beaucoup de personnes de tous horizons, c'est un nouvel enjeu collectif.

Un écosystème vertueux s'est progressivement structuré autour de cette vision de concilier haute performance, accessibilité au plus grand nombre et écoresponsabilité. Et si cette approche pouvait évoluer en un véritable modèle économique au service de notre société de demain ?

Tous les sports seraient impliqués. Les industries y trouveraient de nouveaux défis, à l'instar du projet Zephir. L'année 2024 pourrait ainsi rester comme une année charnière avec les Jeux olympiques de Paris. D'ailleurs, l'un des programmes pour soutenir les athlètes en voile s'appelait « Du Carbone à l'Or olympique ». Cette formule, choisie par la France, a fait du carbone, et de l'image de haute performance qu'il évoque un point de référence vers la plus haute marche des podiums. Cela rejoint nos réflexions précédentes sur l'impact environnemental actuel des sports nautiques et de la compétition en particulier.

Cette belle olympiade française passée, nous avons l'opportunité de changer ce paradigme pour le futur et de nous en éloigner. Tel un indicateur industriel et sociétal, la situation doit impérativement évoluer vers des solutions durables en y affectant les moyens adaptés. En fédérant un projet global, ambitieux et structuré intelligemment autour de ces trois critères (haute performance, accessibilité et écoresponsabilité), nous pouvons réinventer les approches des sports consommateurs de matériel.

Mais ces nombreuses dérives que nous constatons dans la plupart des secteurs sont peut-être un mal pour un bien. Les très hautes technologies, et en particulier le numérique, se sont développées à marche forcée pendant ces 30-40 dernières années. Période pendant laquelle nous avons connu une gabegie de consommation de ressources planétaires. Supposons que les États parviennent à contrôler la logique du profit sans limite des industriels et la consommation excessive bien planifiée des populations. En quoi la technologie pourrait-elle nous aider à sauver l'être humain, la faune et la flore ?

Il est fort probable que, si l'humanité avait évolué technologiquement de manière graduelle, nous ne serions peut-être pas en mesure d'évaluer la situation actuelle et de mesurer les répercussions de nos actions. Rappelons-nous les niveaux de pollution records dans les grandes villes à l'époque où les foyers étaient chauffés au charbon et au bois. Pas de mesure possible des CO, des NOx, difficile de comprendre les phénomènes et les conséquences sur les personnes. Encore moins de pouvoir projeter des modèles du futur prenant en compte différentes options de changements réglementaires. La haute technologie peut à présent nous aider à percevoir des tendances, à faire des choix et à en évaluer les conséquences à l'échelle planétaire. Elle peut même interagir avec les individus.

Je suis prêt à croire que le niveau technologique atteint par l'humanité, grâce en partie à cette débauche de ressources planétaires, pourrait être la clef pour trouver de nouvelles voies, en particulier en observant la nature et sa formidable maturité. Ces nouveaux outils apportent un savoir nécessaire, du recul et de la clairvoyance, une forme de sagesse. Cela nous permettrait de retrouver la raison, et naturellement une forme de frugalité.

Nous l'avons vu au fil des chapitres, le numérique intervient déjà directement dans l'aide au sportif. Il s'agit là d'en faire aussi un outil vertueux de révolution des modes de conception. Le meilleur exemple est le biomimétisme, qui offre une multitude de solutions, exige une grande capacité de calcul numérique pour être étudié scientifiquement. Face obscure : c'est actuellement la consommation énergétique colossale des données et les dérives potentielles de l'Intelligence Artificielle. Là encore, des solutions concrètes émergent, comme les ordinateurs quantiques ou le stockage massif de données dans l'ADN. Contre toute attente, début 2025, la Chine donne même une leçon de sobriété et d'innovation frugale aux géants de la Silicon Valley américaine avec son outil DeepSeek R1. En s'appuyant sur les connaissances actuelles (ce qui relativise tout de même la performance), ce concurrent direct de Chat GPT-4 (LLM *[Large Language Model]* de la société OPEN AI) a été développé avec environ dix fois moins de ressources, et il peut être utilisé « frugalement » par tous avec 20 à 50 fois moins de puissance de calcul ! Un vrai séisme. Tout est interconnecté, et le potentiel se manifeste sous nos yeux.

Je crois fermement que le sport est le vecteur idéal pour faciliter cette transition en engageant un grand nombre de citoyens. Il incarne de nombreuses valeurs humaines et l'exercice physique a un impact direct sur l'équilibre physique, mental et relationnel des pratiquants. De plus, c'est un excellent moyen de mettre en évidence les avancées technologiques apportées au matériel. Cet écosystème vertueux peut être activement soutenu par l'État s'il en fait une réelle priorité dans la durée.

Zephir Project se révèle être un formidable démonstrateur hautement technologique et à faible coût pour révolutionner les sports nautiques. De la même manière, les disciplines sportives pourraient devenir des exemples à suivre pour tous les domaines.

J'appelle de tous mes vœux que cette vision partagée fasse la fierté d'une nation, qu'elle devienne un nouveau modèle de développement intelligent et durable dans lequel tous les excès ne sont plus autorisés.

Antoine de Saint-Exupéry nous dit : *« Pour ce qui est de l'avenir, il ne s'agit pas de le prévoir, mais de le rendre possible. »*

Alors, plus que jamais, j'en suis convaincu, cette utopie de vouloir unir ainsi nos forces, la technologie, les humains et l'environnement est à présent réaliste. À nous tous de jouer.

Merci infiniment pour votre lecture, il est temps maintenant d'aller profiter d'un doux zéphyr sur l'eau ! Bon vent à toutes et tous !

Et si un optimisme durable nous gagnait !

À la Conquête de l'UltraPerformance

Remerciements et gratitude

À mes enfants, qui sont tout pour moi, et à leur maman, Florence, qui a fait preuve d'une patience infinie ;

À mes parents et ma famille, qui ont toujours été là avec beaucoup d'amour ; à mes amis de toujours que je vois trop peu.

À un être tout particulier, guide de tous les instants. Tel un Grand Maître, Hermès observe beaucoup, parle peu. Ses quelques mots suffisent pour ouvrir des chemins et agrandir l'espace des possibles. Ils ont forcément une signification profonde et font réfléchir sur notre existence, son sens, le respect des autres et des êtres vivants. Pour ma part, je n'ai pas de mots pour exprimer ma gratitude de t'avoir dans ma vie. Merci aussi aux tiens, qui nous soutiennent pleinement dans nos projets.

Dès le premier jour, avec Antoine Albeau, nous avons su faire confiance à notre intuition. Nous défions l'Everest de la vitesse à la voile avec un tout petit engin de glisse qui avance à la seule force de l'homme et du vent. Même si ce champion hors norme est une force de la nature, au surnom de colosse de l'Île de Ré, il reste secret et se livre peu. Cependant, son cœur est immense. Au fil des mois et des défis, nos liens se sont renforcés. Nous partageons un immense plaisir à vivre l'aventure Zephir Project, qui évolue au cœur de nos familles (clin d'œil à Paola, aux kids Alani et Adriel, à Jean-Marie et à Marie-Claire). Merci, mon ami, pour ta confiance et tout ce que nous construisons au fil des jours. En restant souvent de vrais gosses.

Un immense merci Antoine pour les mots touchants de ta Préface, et à Hermès, qui a su les recueillir avec finesse et fidélité.

Merci du fond du cœur à toutes ces personnes extraordinaires qui partagent l'aventure Zephir, de près comme de loin. La famille Schmitz, bien sûr, autour de Pierre, avec Angélique, Jean-Charles et leur famille. Mon très cher Olivier Ponrouch, toi qui me supportes depuis plus de trente ans, et aux tiens qui doivent composer avec nos passages mouvementés dans notre QG historique, votre maison d'Ouveillan ! Merci à chacune et chacun de vous qui nous accompagnez depuis 5 ans et permettez de rêver grand. Vous vous reconnaîtrez. Merci. Merci !

Défier l'extrême scelle certainement les plus belles amitiés. Ces 20 ans de records du monde de vitesse en VTT entre 1998 et 2017 nous ont permis de vivre une aventure humaine exceptionnelle avec Éric Barone et toute notre équipe. Ces joies, ces peurs, ces échecs cuisants ou ces victoires sur les éléments et sur nous-mêmes nous ont liés à jamais. Merci, mon ami, du fond du cœur, et merci à ta famille extraordinaire. Merci bien sûr à Mathias et à vous tous, nombreux : Marco, Muriel, Tristan, Émeline, Hugues, Sam, Totof, Christophe, Mylène, Xavier, Jérôme, Juju, Maxime, Castor, Valérie, Vars et l'OT, les pisteurs, RevolutionR, Gilles, Thierry, John, la famille Billy… Ma gratitude également à Edmond pour avoir eu confiance dans ta quête de record en snowboard, tu l'as fait magnifiquement !

Tout mon respect à mes amis réalisateurs (vidéo et photo), Muriel Barra, Marco Rebuttini, qui m'avez fait découvrir votre univers créatif extraordinaire. Tout mon soutien pour votre engagement pour les causes environnementales. Merci pour toutes ces belles images qui sont autant de souvenirs mémorables. À notre cher ami photographe Richard Bord (et auteur de la photo de couverture de ce livre). Crédits photos Alban Pernet/NASA/Hermès Garanger/Jacques Morel/Peter Davis/famille et amis.

Un livre incarne son message dans sa couverture, et c'est un travail d'orfèvre ! Un grand merci à Tcheupel Garanger.

Merci, chère Jeanette, pour notre belle amitié, que tu as transportée dans l'ISS au-delà de toute frontière. Hâte de notre prochain « talk » sur Terre cette fois, avec la tête dans les étoiles.

On dit que les épreuves renforcent les liens humains. Ce sont les fondations de notre âme d'explorateurs, ces liens nous aident à mieux nous comprendre, et peut-être même à nous transcender.

Quelques références et œuvres littéraires

"Feasibility of Arbitrary Pitching Motion Controlled by Piezoceramic Actuators to Reduce Blade-Vortex Interaction Noise," Authors: Marc P. Amerigo and James D. Baeder, University of Maryland, May 1995

« La confiance dans un collectif engagé dans l'UltraPerformance », Marc Amerigo, TEDx Issy-les-Moulineaux, novembre 2017

Vidéos de performances en sports extrêmes : https://marc-amerigo.com/videos-tedx-ultraperformance/

« Antoine Albeau – La Légende » : film documentaire de 90 minutes, CANAL+, novembre 2023

« Éric Barone : L'histoire du Baron rouge » écrit par Valérie Pointet, Édition les Passionnés de bouquins, mars 2019

« Quand la nature inspire l'innovation », Alain Renaudin, NewCorp Conseil Éditions, janvier 2022,

« L'innovation Jugaad, redevenons ingénieux ! », coauteur Navi Radjou, éditeur Diateino, mars 2023.

Les ondes gravitationnelles, cent ans après Einstein, par Luc Blanchet : https://www2.iap.fr/users/blanchet/images/RefletsPhysique.pdf

Quelques œuvres que j'apprécie tout particulièrement :

« La horde du contrevent » d'Alain Damasio

« Le Petit Prince » d'Antoine de Saint-Exupéry

« **Ma vie sans gravité** » de Thomas Pesquet

« **Tribal Leadership** » de Dave Logan & Co

« **Tribe, on homecoming and belonging** » de Sebastian Yunger

« **Reinventing organizations** » de Frédéric Laloux

« **Les Accords Toltèques** »

« **L'Art de la Guerre** » de Sun Tzu

« **1984** » de George Orwell

« **Le Seigneur des Anneaux** » de J. R. R. Tolkien (trilogie)

« **The Power of Now** » d'Eckhart Tolle

« **Gladiateur** » de Ridley Scott

Accès aux sites internet :

www.marc-amerigo.com   www.zephirproject.com